ABITUDIN
I
MILIONARI
E

Trasforma la tua vita in una scalata verso il successo. Tecniche e segreti su come generare rendite passive e iniziare a vivere felici

ALDO BINI

© **Copyright 2021 - Aldo Bini – Tutti i diritti riservati**

Quest'opera è coperta dalla legge sul diritto d'autore. È vietata ogni riproduzione, anche parziale, non autorizzata. Le informazioni fornite nel presente documento sono dichiarate veritiere e coerenti, in quanto qualsiasi responsabilità, in termini di disattenzione o altro, da qualsiasi uso o abuso di qualsiasi politica, processo o direzione contenuta all'interno è responsabilità solitaria e assoluta del lettore destinatario. In nessun caso qualsiasi responsabilità legale o colpa verrà presa nei confronti dell'editore per qualsiasi danno o perdita monetaria dovuta alle informazioni qui contenute, direttamente o indirettamente.

Le informazioni qui contenute sono fornite esclusivamente a scopo informativo e sono universali. La presentazione delle informazioni è senza contratto né alcun tipo di garanzia.

SOMMARIO

INTRODUZIONE 1
IL MINDSET DEL MILIONARIO 6
    NON AVER PAURA 7
    SII TESTARDO 7
    NON FARE LA VITTIMA 8
    PENSA IN GRANDE 8
    PENSA POSITIVO 9
    SII EMPATICO 9
    SII SICURO DI TE 10
    USA LA TUA INTELLIGENZA EMOTIVA 10
    IMPARA A PERSUADERE 11
    DIVENTA LEADER 12
LE ABITUDINI DEI MILIONARI 14
    1. LAVORA, MA NEL MODO GIUSTO 15
    2. LAVORA, MA NON TROPPO 16
    3. STUDIA TANTO E APPRENDI IL PRIMA POSSIBILE 16
    4. FAI SPORT 17
    5 MANGIA IN MANIERA CORRETTA 18
    6. SVEGLIATI PRESTO E NON ANDARE A DORMIRE TARDI 19
    7. SMETTILA DI GIOCARE 20
    8 DEDICA DEL TEMPO A TE STESSO 21
    9. DEDICA DEL TEMPO A CHI AMI 21
    10. SII PARSIMONIOSO 22
LE STRATEGIE SEGRETE DELLA RICCHEZZA 23

LE REGOLE FONDAMENTALI **33**

MINDSET CORRETTO PER MANTENERE LA RICCHEZZA E GESTIRE IL PATRIMONIO **39**

COMINCIAMO A FARE SOLDI: UNA DOVEROSA PREMESSA **45**

IL REDDITO PASSIVO: IL SACRO GRAAL DEL MILIONARIO **48**

I PRINCIPALI METODI DI GUADAGNO **59**

AMAZON FBA **61**
    I VANTAGGI DI FBA 64
    LE CRITICITÀ DI FBA 66
    GUADAGNARE CON FBA 69

SITI WEB DI NICCHIA **74**
    CERCA LA DIREZIONE DEL DENARO 77
    USA FACEBOOK 79
    FAI LA RICERCA DELLE PAROLE CHIAVE 81

MARKETING DI AFFILIAZIONE **90**

E-MAIL MARKETING **100**

UDEMY **106**

FIVERR **111**
    CREAZIONE DI SITI WEB 116
    PROGETTI GRAFICI 116
    SCRITTURA 117
    REALIZZAZIONE CONTENUTI VIDEO 117
    SERVIZI DI TRADUZIONE 118
    SOCIAL MEDIA MANAGER 119
    INFLUENCER MARKETING 119
    DOPPIATORI E SPEAKERS 120
    ILLUSTRATORE 120
    ADDETTO ALL'INSERIMENTO DATI O ASSISTENTE VIRTUALE ... 121
    CONSIGLI PRATICI PER SBARAGLIARE LA CONCORRENZA 122

PUBBLICARE LIBRI SU KDP **125**

CREARE EVENTI LIVE SU FACEBOOK **132**

LA FORMAZIONE ONLINE **136**

NUOVE IDEE PER FAR SOLDI **139**

CONCLUSIONE 144

Introduzione

Primo marzo 2018.

Può sembrare strano iniziare una guida con una data che, a tutti voi lettori, sembrerà priva di significato. Ma non lo è, almeno non per me. Posso dire con certezza che tale data rappresenta per me l'inizio della mia resurrezione economica.

A partire da quel giorno mi sono avviato in un sentiero che mi ha portato oggi ad essere libero da ogni preoccupazione dal punto di vista finanziario, e che, visto il mio successo personale, ho deciso di condividere con noi.

Ma procediamo con ordine.

Prima della fatidica data lavoravo, ormai da diversi anni, come operaio all'interno di una ditta che si occupava di produzione di cuscinetti a sfera. Era un lavoro duro, su turni, spesso mi capitava di fare straordinario e di lavorare di notte. Un lavoro che assorbiva gran parte del mio tempo e che mi portava ad essere spesso assente, soprattutto da un punto di vista mentale, a casa, sia con mia moglie che con i miei figli.

Non amavo quel lavoro, sono un laureato e le mie aspirazioni erano tutt'altre, ma avevo un contratto a tempo indeterminato, e, sebbene lo stipendio riuscisse a coprire a stento le spese del nostro bilancio familiare, pensavo che, dato i tempi che corrono, non potessi aspirare a meglio, o, per dirla tutta, avevo timore a lasciare il certo per l'incerto, abbandonando la sicurezza del cosiddetto "posto fisso".

Insomma, facevo un lavoro che non mi piaceva, non mi si addiceva, stressante, sottopagato ma avevo paura di lasciarlo.

Negli ultimi tempi sia io che i miei colleghi avevamo notato un forte rallentamento della produzione, ma lo avevamo attribuito ad un fisiologico calo degli ordinativi; d'altro canto era già successo in passato e ormai avevamo imparato a non preoccuparci più di tanto.

Figuratevi dunque quale fu la mia sorpresa quando, il primo marzo 2018 recandomi al lavoro per coprire il turno della mattina, trovai i cancelli della fabbrica sbarrati.

La proprietà, senza alcun preavviso, aveva deciso di chiudere la fabbrica e delocalizzare la produzione in Cina, dove i costi della forza lavoro sono di gran lunga più bassi.

Ero rimasto senza lavoro.

Così, da un giorno all'altro, con un mutuo da pagare, le bollette, le spese di mantenimento dei figli, e tutto ciò che comporta il vivere in famiglia.

Ero disperato e, non mi vergogno a dire che i primi tempi, caddi in un forte stato depressivo.

Per ovviare alla situazione che si era venuta a creare cominciai subito a cercare lavoro, incentrando la mia attenzione su quello che fino ad ora avevo fatto: l'operaio.

Tutto ciò che riuscii a trovare furano una serie di lavoretti saltuari e pagati anche peggio del mio precedente lavoro.

Nel frattempo, in tv e sui social vedevo scorrere immagini di gente cui non avevo nulla da invidiare né dal punto di vista intellettuale né dal punto di vista emotivo, essendo per indole una persona positiva.

In un primo momento alla visione di quelle immagini, reagii come fanno un po' tutti: con invidia e rabbia.

Mi dicevo che quei ventenni che vedevo un giorno a Ibiza e il giorno dopo in crociera erano solo dei figli di papà che nella vita avevano avuto l'unica fortuna di essere nati in una famiglia ricca e che non facevano altro che sperperare i soldi dei loro genitori.

Insomma, mi comportavo un po' come la volpe con l'uva, assumendo un atteggiamento frustrato che non faceva altro che distruggere la mia autostima, senza migliorare in alcun modo la mia situazione contingente.

Poi, un giorno, la realtà dei fatti mi si presentò in tutta evidenza, facendomi aprire gli occhi.

Mentre ero al portatile alla ricerca dell'ennesimo lavoretto anonimo con cui tirare avanti per un altro paio di settimane, su un banner pubblicitario mi apparve una frase "Stay hungry. Stay foolish" che tradotto significa "Siate affamati. Siate folli".

La frase mi entrò dentro e come un tarlo cominciò a scavare dentro di me.

Cominciai a fare ricerche e, per prima cosa, scoprii a chi

appartenesse la paternità di tale frase; si trattava di Steve Jobs.

Il passo successivo fu quello di leggere una biografia su quello che sapevo solo essere stato il creatore dell'i-phone. Ciò che scoprii mi sconvolse, costui era diventato milionario dal nulla, solo grazie alla sua voglia di affermazione e, appunto, alla sua follia.

Per me era giunto il momento della svolta.

Capii, infatti, che fino ad allora mi ero limitato a una vita di sopravvivenza, senza mai mettermi in gioco, costruendomi una serie di assurdi alibi che non avevano fatto altro che bloccare la mia crescita personale.

Mi resi conto che avevo bisogno di studiare, di aggiornarmi, abbandonando idee arcaiche come il posto fisso, le rendite da lavoro salariato ed altre amenità che, mi rendo conto oggi, appartengono al Novecento, un secolo ormai finito.

Cominciai così a interessarmi a concetti nuovi come le rendite passive, la scrittura su Amazon e in generale, le possibilità di guadagno che si erano aperte grazie al boom dell'on-line.

Mi interessai anche a capire come abbattere i muri mentali che mi portavano a vivere in ristrettezze economiche nonostante le mie potenzialità.

Iniziai ad analizzare le biografie dei più grandi milionari che si erano "fatti da soli", i cosiddetti "self-made man", riscontrando in esse numerosi, punti in comune, segnali di un modus operandi, di un "mindset" specifico.

Ma, soprattutto, cominciai a investire il mio tempo, i miei sforzi, e anche i miei risparmi in quel nuovo mondo.

Sono passati ormai quasi tre anni da quel momento fatidico, da quella crisi esistenziale, a cui sono molto legato perché, per me, ha rappresentato la svolta.

Oggi non ho più l'assillo del denaro, vivo una vita agiata, sono in pace con me stesso e con la mia famiglia.

Lavoro per me.

E sono felice e benestante, e tutto questo è accaduto perché la mia mentalità è cambiata e con essa il mio modo di approcciare al denaro.

È proprio per questo che ho deciso di dare alla luce questa guida: mostrare a tutti il percorso da seguire per arrivare al successo.

Una guida frutto di studio, nottate insonni e tanta, tanta fatica.

Ho deciso di condividere le mie informazioni perché penso che ognuno di noi sia, in potenza "folle" ed "affamato", e che, se si hanno le dritte giuste, il benessere economico è alla portata di chiunque.

Basta saper come pensare, cosa progettare, come agire, e soprattutto come lavorare.

Iniziamo dunque questo percorso di crescita e rivoluzione che ci porterà al nostro obiettivo: far soldi.

Il mindset del milionario

Se sei arrivato qui è perché la mia storia ti ha intrigato, e hai deciso di iniziare a fare soldi, ampliando le tue entrate e conducendo una vita agiata.

Per raggiungere l'obiettivo finale occorre partire dalle basi, cambiando del tutto il tuo modo di pensare, basato sul postulato:

posto fisso = sicurezza, unica fonte di reddito

Non è così, ma a questo ci arriveremo soltanto se riuscirai a cambiare del tutto il tuo modo di pensare, entrando nella mente di un milionario, abbracciando la sua mentalità.

In questo capitolo stabiliremo dunque i principi fondamentali, i paletti su cui costruire la tua nuova mentalità e il tuo modus operandi, basandoli proprio su quello dei milionari.

Dunque, cominciamo subito, andando a vedere i

"comandamenti" di un mindset vincente.

Non aver paura

La paura è il tuo peggior nemico.

Paura di cambiare, di fallire di non fare le scelte giuste.

La paura, in linea di principio può essere un valido alleato, portandoci ad avere prudenza e a non fare scelte oltremodo azzardate. Ma un milionario non permette mai che la paura paralizzi il suo agire, portandolo ad uno stato d'immobilità.

Sostituisci la paura al coraggio e avrai già fatto un enorme passo in avanti.

Sii testardo

Se sei convinto di una cosa portala fino in fondo, senza tirarti indietro alla prima difficoltà.

Caratteristica della mentalità milionaria è il credere in modo deciso nelle proprie idee, anche quando queste sembrano del tutto sbagliate.

Sei convinto che il libro che hai scritto diventerà un best-seller?

Bene. Non arrenderti se il primo mese non avrai venduto nemmeno una copia: promuovilo, investi denaro ed i frutti non tarderanno ad arrivare.

Non fare la vittima

Ok la tua famiglia non è ricca, e allora?

Va bene, il tuo primo progetto di investimento on line è stato un fallimento, dunque?

Molti di noi tendono a crearsi un sacco di alibi per giustificare la mancanza di successo nella vita, in una sola parola a fare le vittime.

Niente di più sbagliato, gli eventi accadono e alcuni di questi possono esserci sfavorevoli, ma la soluzione per uscirne più forti di prima è reagire alle avversità, non piangersi addosso.

Pensa in grande

Il pensiero comune quando vediamo sfrecciare un una persona benestante sulla sua spider in autostrada, mentre noi siamo seduti nella nostra vecchia monovolume scassata è che noi non potremo mai permettercela.

Cambia approccio: pensa in grande e poniti obiettivi ambiziosi e vedrai che presto anche tu avrai la tua fuoriserie in garage.

Pensa positivo

Il pensiero positivo è la base del successo.

In tutto ciò che farai, in ogni tua scelta, in ogni tuo progetto, non ti basterà essere testardo e ambizioso, ma anche convinto che ciò che farai ti porterà al successo.

Se pensiamo positivo, infatti, il nostro modo di affrontare le avversità che ci verranno incontro nello svolgersi dei nostri progetti sarà più brillante e funzionale al raggiungimento dell'obiettivo.

Sii empatico

Potremmo definire l'empatia come la capacità di posi sulla stessa lunghezza d'onda degli altri, di percepirne emozioni, pensieri e desideri.

Spiegata in questi termini, appare chiaro come l'empatia sia un requisito necessario per chi vuole avere successo nella vita.

Sia che noi decidiamo di scrivere un libro piuttosto che vendere un prodotto, dovremo sempre trovare delle persone disponibili ad acquistare il nostro prodotto e riuscire a riconoscere desideri e bisogni altrui ci darà una marcia in più.

Sii sicuro di te

Requisito fondamentale per il successo: credere in sé stessi, sentirsi capaci di qualunque impresa.

Credimi, questo è l'unico vero modo per riuscire a vincere la sfida, per scalare la montagna della ricchezza.

Molto spesso ci sottovalutiamo, soprattutto in ambito lavorativo, accontentandoci della mediocrità perché pensiamo di non meritare altro.

Ricorda che la mediocrità genera solo mediocrità. Se invece ti metti in gioco con la consapevolezza della tua unicità, stai ben sicuro che sarai tu a vincere il gioco.

Usa la tua intelligenza emotiva

Pochi la conoscono, ma un'intelligenza emotiva sviluppata è parte fondamentale della cultura di tutte le persone di successo.

Saper usare la tua intelligenza emotiva significa saper dominare le tue emozioni asservendole alla razionalità.

Se sei istintivo in ogni tua scelta non farai mai molta strada nella vita.

L'istinto deve sempre sottostare alla ragione alla tua capacità di comprendere e ragionare su ciò che vivi, su ciò che ascolti, su ciò che dici e su come lo dici.

Ti consiglio di approfondire questo aspetto di primaria importanza per diventare milionari.

Impara a persuadere

Le capacità persuasive sono fondamentali per diventare ricchi. Persuadere significa "attirare a sé". In termini pratici significa che qualunque cosa tu proponga al cliente devi essere convincente. Sempre. Impara dunque a comunicare in maniera efficace. Segui corsi di scrittura per copywriter, in modo da imparare ad utilizzare la scrittura come potente mezzo di vendita del tuo prodotto, ma non solo. Cura inoltre il tuo linguaggio, il tono della voce così come il linguaggio del tuo corpo.

Devi sapere che la comunicazione avviene solo per il trenta per cento attraverso il messaggio verbale, il restante settanta per cento attraverso il linguaggio del corpo: se l'obiettivo è fare breccia nei confronti del tuo potenziale cliente devi imparare a controllare ogni tuo singolo movimento, rendendolo appunto persuasivo.

Fissati bene in mente un altro importante concetto: persuadere non significa imbrogliare. Potrebbe sembrarti banale, ma la linea di demarcazione tra i due confini è molto sottile.

Se vorrai diventare ricco e mantenere a lungo la tua ricchezza, impara a persuadere gli altri in modo eticamente corretto, facendo in modo che anche loro, dalla relazione con te, abbiano qualcosa da guadagnare: è una strategia che ti permetterà di coltivare nel tempo un vasto mercato di fiducia cui rivolgerti.

Diventa leader

Quest'ultimo punto è un po' la sintesi di tutto ciò che abbiamo trattato in precedenza: devi possedere la capacità di attrarre intorno a te un pubblico di potenziali acquirenti del tuo prodotto assai vasto, qualunque esso sia.

Essere un leader non significa, presentarti come una sorta di Messia, l'unico depositario della verità assoluta.

Il web pullula di elementi del genere che però, alla resa dei conti, si rivelano dei veri e propri venditori di fumo.

Per essere un vero leader dovrai mostrarti equilibrato e oculato nelle tue scelte, porti come individuo autorevole ma non autoritario, saper ascoltare le opinioni altrui traendo il meglio da ciascun parere e, soprattutto, saper conquistare la fiducia degli altri con un atteggiamento proattivo e assertivo che ti farà fare tanta strada.

Sii sicuro di te, impara a comunicare in maniera corretta e ad ammaliare gli altri con la tua personalità e la strada per il successo ti si spianerà davanti.

Le abitudini dei milionari

Diventare milionari è una questione di testa, come abbiamo visto, ma anche di abitudini.

Ciò che facciamo durante la giornata determina in maniera preponderante ciò che siamo, in una proporzione quasi paritaria con il nostro modo di pensare.

Se davvero vuoi cambiare vita ci sono cose delle abitudini sane da seguire ed altre che, invece, possono rallentare la tua crescita.

In questo capitolo ci interesseremo proprio di questo: sviluppare le abitudini necessarie per diventare una persona di successo ed eliminare quelle che invece ti renderanno al massimo un impiegatuccio di provincia.

Seguile in modo scrupoloso affinché si possa aprire anche per te la strada per il successo.

1. Lavora, ma nel modo giusto

Lavorare deve essere un'abitudine fondamentale per un vero milionario.

A dispetto di quello che tu possa pensare ti garantisco che i milionari passano la maggior parte dell'anno a lavorare e non a bere margarita sulle spiagge delle Maldive.

Il lavoro è un aspetto fondamentale per la ricchezza solo che c'è modo e modo di lavorare.

Lavorare dodici ore vicino un tornio a controllo numerico è cosa diversa dall'occuparsi di trading, self-publishing, Amazon Fba e altre chicche simili che ti permetteranno di fare soldi veri.

I milionari lavorano per sé stessi in maniera razionale, cercando di trarre il massimo profitto dal minimo sforzo, riuscendo a cogliere in anticipo le occasioni che il mercato, soprattutto quello on line, offre loro.

2. Lavora, ma non troppo

No, non mi sto contraddicendo, tranquillo.

Il lavoro rimane un'abitudine fondamentale per ogni milionario che si rispetti, ma sappi che i milionari non si dedicano in modo esclusivo al lavoro.

Il perché è presto detto: fossilizzarsi su un'unica attività inaridisce le nostre risorse intellettuali, ci impoverisce rendendoci meno produttivi.

Bisogna dedicare al lavoro il tempo giusto, non tutto il tempo. I milionari dividono la loro giornata fra lavoro e altre sane abitudini.

3. Studia tanto e apprendi il prima possibile

La prima delle abitudini extralavorative di una persona di successo è lo studio.

La capacità di produrre e accumulare ricchezza è proporzionale alle nuove conoscenze acquisite.

Lo studio è il primo passo per intraprendere il percorso di trasformazione.

Non serve a nulla lavorare tanto se non si conosce l'evoluzione dei mercati; né tantomeno affrontare una trattativa con un cliente importante se non si ha una adeguata proprietà di linguaggio.

Per tali motivi consiglio di partire dalle basi. Io ho cominciato seguendo un corso d'inglese, lingua che non conoscevo, ma che si è rivelata indispensabile per poter fare tanti bei soldini.

Man mano che acquisiamo competenze il nostro livello di conoscenza sale e con esso la capacità di comprendere le dinamiche e i flussi che governano i guadagni. E ricorda che, come diceva il grande De Filippo "gli esami non finiscono mai".

Anche quando avrai raggiunto la totale indipendenza economica e potrai permetterti tutto ciò che vorrai non ti devi mai fermare. Rimani sempre aggiornato e studia, studia e studia!

4. Fai sport

Un'abitudine tipica di tutti i milionari è quella di tenersi in forma facendo sport.

Non è solo una questione di salute. Tutti sappiamo che fare sport contrasta i rischi di una vita sedentaria allontanando malattie cardiovascolari, obesità, invecchiamento precoce, Parkinson e un'infinita serie di patologie. Ma, ripeto, non è solo questione di salute. Lo sport è anche un ottimo modo per scaricare lo stress accumulato nella giornata lavorativa. Per essere ricco dovrai essere in grado di prendere dei rischi, e questo ti porterà, soprattutto i primi tempi, a dover sopportare enormi carichi di stress, che se non smaltiti, potrebbero portarti a mandare tutto all'aria. Ebbene basterà un'ora di corsa al giorno per risolvere questo problema.

Il movimento infatti permette lo scarico e l'espulsione di tutte le tossine negative accumulate nell'arco della giornata, in particolare il cortisolo, denominato ormone dello stress ma non solo.

Fare sport dà anche un contributo fondamentale nello sviluppo della nostra autostima: vedere come, giorno dopo giorno siamo in grado di raggiungere gli obiettivi che ci poniamo, come ad esempio correre un chilometro in più o fare dieci flessioni in più, ci renderà più sicuri di noi stessi, delle nostre capacità, della nostra forza e questa sicurezza si trasmetterà a tutti i campi della nostra esistenza.

Non dimentichiamo poi che fare sport aumenta i livelli di endorfine, gli ormoni della felicità, e di conseguenza ci rende più positivi e come abbiamo visto nel capitolo precedente, la positività è una delle chiavi del successo.

5 Mangia in maniera corretta

Anche l'alimentazione gioca un ruolo fondamentale nella crescita verso la ricchezza.

I milionari non mangiano solo cibi raffinati, tipo caviale, ostriche o squisitezze simili, il vero milionario mangia soprattutto in maniera sana, quindi con tante verdure, pesce, e carni bianche.

Questo perché un'alimentazione sana contribuisce in maniera sostanziale al mantenimento della lucidità mentale e tiene alto l'umore.

Quando facevo l'operaio cercavo consolazione nel cibo, ingozzandomi di quello che gli americani chiamano "junk food": panini con triplo hamburger cheddar e bacon, bevande gassate e schifezze simili.

Il risultato di questa mia pessima abitudine era quella di dormire male, svegliarmi di pessimo umore e sentirmi in colpa nel vedere la mia pancia crescere in modo inesorabile.

Per finire la beffa dovuta al fatto che più mi sentivo in colpa più mi ingozzavo entrando in un circolo vizioso senza fine.

Oggi invece, ho un nutrizionista che mi segue, una forma invidiabile, mangio sano e…ho tanti soldi.

6. Svegliati presto e non andare a dormire tardi

Fare tardi in ufficio è qualcosa che fa solo chi ha un amante. Come pensi di essere produttivo la sera, dopo una giornata infernale passata a concepire nuovi progetti, gestire gli affari e seguire tutte le attività?

La sera deve essere dedicata al riposo, il tuo corpo ne ha bisogno per ricaricarsi, distendersi e per affrontare una nuova giornata.

Piuttosto che fare tardi, è un'ottima abitudine alzarsi la mattina presto, anche tre ore prima di iniziare al lavorare, magari per fare sport, meditazione o una passeggiata rilassante.

7. Smettila di giocare

Sì, anche io ero di quelli che pensavano di risolvere la propria vita comprando un gratta e vinci.

Il gioco d'azzardo, che siano i gratta e vinci, il lotto, i casinò on line piuttosto che quelli fisici, è solo un modo per buttare i soldi. Le possibilità di vincere sono più o meno uguali a quelle di andare sulla luna.

La fortuna non c'entra nulla con il produrre ricchezza. I milionari sono diventati tali con il lavoro e con la genialità delle proprie idee, mentre le statistiche ci dicono che chi si arricchisce con una vincita al gioco, nella maggior parte dei casi ritorna nel giro di pochi anni povero come prima.

Quindi risparmia questi soldi e al massimo investili in un'attività davvero fruttuosa.

8 Dedica del tempo a te stesso

Nel corso della giornata cerca di dedicare almeno dieci minuti solo a te stesso. Isolati da tutto e da tutti, ascolta la musica che ti piace, o dedicati alla meditazione, insomma fa ciò che preferisci ma fallo da solo.

Questo ti permetterà di riflettere e soprattutto di fare il punto della situazione, per capire se le decisioni che stai prendendo sono quelle giuste, ma ti permetterà anche di rilassarti e ricaricarti un po'.

9. Dedica del tempo a chi ami

I milionari, quelli veri, passano quanto più tempo possibile con la loro famiglia.

Avere i propri affetti vicini, condividere insieme a loro le gioie e i dolori, provare emozioni quotidiane come, ad esempio, veder crescere i tuoi bambini, ti darà una spinta formidabile a fare del tuo meglio e ad avere grande successo.

10. Sii parsimonioso

Sembra un paradosso, ma non lo è.

Che tu guadagni cento o guadagni mille devi importi, in maniera assoluta, di mettere da parte almeno il trenta per cento delle tue entrate.

Questo ti fornirà un morbido cuscino in caso di caduta, se, ad esempio, uno dei progetti in cui hai investito dovesse andar male ma non solo.

Vivere al di sotto delle tue possibilità economiche ti proteggerà da manie di grandezza e spese inutili, che ti potrebbero portare, nel giro di poco tempo a sperperare appieno il tuo patrimonio.

Queste abitudini sane e salutari, comune denominatore di tutte le persone di successo, ti spingeranno verso un approccio positivo alla vita, rendendoti più attivo, più felice, più sicuro di te e, in breve tempo, più ricco.

Le strategie segrete della ricchezza

La ricchezza non nasce dal nulla ma si sviluppa solo in determinate condizioni: è necessaria una giusta predisposizione mentale accompagnata da sane buone abitudini.

Bene, pensi che basti?

No.

Non basta una buona testa e buone gambe per vincere una maratona, ci vuole una strategia vincente.

In questo capitolo scopriremo insieme le strategie segrete che sono alla base del raggiungimento del nostro traguardo, che ti porteranno a concludere la tua maratona verso il successo finanziario.

La prima di esse consiste nello sprigionare la piena potenzialità degli obiettivi che ci poniamo.

La nostra esistenza è determinata e influenzata da una ricca lista di elementi quali l'ambiente familiare, la religione di appartenenza, il grado di cultura ma, cosa che nessuno ti dirà, dalla capacità di sognare.

Vuoi essere ricco? Bene allora devi imparare a rendere i tuoi sogni vivi e trasformarli nel tuo futuro.

Per far ciò avremo bisogno di una motivazione forte, di qualcosa che ci spinga oltre, che ci faccia superare l'ostacolo.

Ma quali sono gli stimoli su cui dovremmo fare leva per andare "oltre"?

Ecco un elenco di elementi che risultano di grande stimolo per la mente umana:

1. il desiderio di veder riconosciuta la propria bravura;
2. la sensazione di vittoria che abbiamo nel raggiungere un obiettivo;
3. i nostri affetti e il volergli garantire una vita serena;
4. il desiderio di essere apprezzati ed accettati da tutti.

Se almeno una di queste quattro motivazioni sono presenti potremo passare al passo successivo ovvero cercare di fissare degli obiettivi specifici.

Per far ciò sarà utile che tu ti faccia delle domande:

1. cosa vuoi fare?
2. cosa vuoi diventare?
3. cosa vorresti possedere?

4. cosa vorresti vedere?
5. dove vorresti andare?
6. quale contributo vuoi dare?

Questa serie di domande sarà la tua guida verso la scelta dei giusti obiettivi, o meglio quelli che ti guideranno al successo.

Avere degli obiettivi "cuciti" su di te ti permetterà di sviluppare al meglio le tue doti, le tue passioni e le tue capacità.

Quindi il primo segreto per diventare ricchi è porsi tale obiettivo e perseguirlo, senza frapporre ulteriori indugi.

Per far questo però dovrai sviluppare un ulteriore strategia, potremmo definirla come il secondo passo verso la ricchezza: accrescere al massimo il proprio bagaglio di competenze e conoscenze.

Questo non significa che dovrai imparare la Divina commedia a memoria, o meglio potresti farlo nel caso in cui tu volessi diventare un illustre dantista.

Il vero segreto è che, per avere successo, bisogna approfondire e ottenere le conoscenze necessarie a rendere raggiungibili gli obiettivi che ci siamo posti.

Quando avrai stabilito in quale campo specializzarti comincia a cercare e vedrai che la tua ricerca ti porterà anche a scoprire l'idea giusta per te, aiutandoti nella realizzazione del tuo scopo.

Leggi, ascolta, frequenta corsi, documentati.

Tutte le persone facoltose lo fanno in modo continuo.

È importante che tu ti specializzi studiando un settore specifico, andando a puntare quello che è il tuo obiettivo, ma non dimenticare che, una buona cultura generale è sempre una base di partenza altrettanto necessaria per realizzare i propri sogni.

Non dimenticare infine di esaminare la tua esistenza, i tuoi successi, ma soprattutto interessati dei tuoi fallimenti: saranno proprio questi a rivelarti informazioni preziose per crescere.

Non è determinante ciò che accade durante il nostro cammino, l'esito è determinato dal modo in cui capitalizziamo l'esperienza vissuta.

Studiando la tua esistenza, assicurati di studiarne sia gli aspetti negativi che quelli positivi. I cosiddetti fallimenti si rivelano molto utili in quanto ci insegnano cose preziose.

Impara dunque a investire su te stesso, non aver paura di spendere i tuoi soldi se pensi che quel corso specifico ti aiuterà a crescere, non guardare al costo, ai soldi che spenderai, guarda piuttosto al valore aggiunto che le informazioni da te reperite potranno aggiungere alla tua esperienza di vita.

Saper crescere significa anche essere preparati al cambiamento attraverso un continuo lavoro su noi stessi: questa è la terza strategia vincente.

Il lavoro di crescita personale deve essere costante perché per arrivare ad ottenere più di ciò che possiedi devi accrescerti, essere più di ciò che sei nel presente.

La vita si presenta come un immenso catalogo di ostacoli e opportunità, sta a te coglierli e migliorarla, ma per essere nelle condizioni di farlo deve cambiare il tuo ego.

Per dare un'idea di quale siano le azioni da intraprendere per la propria crescita personale amo fare un parallelo fra i gesti da compiere per migliorarsi e le stagioni: l'inverno coincide con il momento del rafforzamento della personalità, la primavera con quello del mettersi in gioco, l'estate indica invece il periodo del prendersi cura di ciò che si è conquistato e l'autunno quello di assumersi le proprie personalità.

Ciò che deve esserti chiaro è che devi staccarti dal gregge delle persone che nutrono scarsa considerazione delle proprie capacità. La vera svolta si compie nella consapevolezza di essere in grado di poter spiccare il volo dalla mediocrità per raggiungere le vette illuminate del successo realizzando idee di straordinaria genialità.

Ciò che ti deve esser chiaro è che tu puoi raggiungere risultati straordinari perché sei una persona straordinaria. E devi essere entusiasta di questa nuova consapevolezza.

La motivazione, dovrà essere la benzina del tuo motore, grazie ad essa nulla sarà impossibile se in fondo lo vorrai.

Una volta acquisita la giusta attenzione nulla ti potrà impedire di guadagnare cifre per te impensabili fino a qualche tempo prima.

Questo passaggio potrebbe risultare molto delicato e insidioso: l'afflusso prorompente di entrate potrebbe innestare un meccanismo pericoloso in noi andando a modificare l'approccio al modo di affrontare la vita e i nostri business.

Il rischio maggiore è quello di divenire vittime del proprio denaro facendo si che il nostro capitale diventi pilota della nostra vita erodendo tutte le nostre risorse mentali ed affettive.

L'eccessivo attaccamento al denaro, potrebbe farti deviare dalla via del successo che è quella contrassegnata dalla capacità di dare il meglio di sé sfruttando le risorse che hai, badando alla qualità piuttosto che alla quantità.

Potrebbe succedere anche l'opposto ovvero di voler spendere in maniera preponderante rispetto ai ricavi vuol dire andare incontro alla propria morte finanziaria.

Per tale motivo risulta fondamentale l'aspetto gestionale delle proprie finanze.

Non è importante stanziare una quantità enorme di denaro per mettere in atto la tua strategia finanziaria: ciò che conta davvero è la qualità della strategia stessa, ovvero saper scegliere al meglio il campo in cui applicarsi per avere successo.

Per far ciò dobbiamo essere capaci di sviluppare al massimo quelle che sono le nostre principali attitudini, i campi in cui riusciamo al meglio nel lavoro e nei passatempi, trasformando delle semplici qualità in fonti di reddito. Dunque, non frapporre ulteriori indugi, ricorda che dentro di te, sopito, c'è un genio che non aspetta altro che mettersi in gioco.

Un ulteriore fattore della propria crescita personale è la capacità di prendere le redini e controllare e gestire al meglio il proprio tempo. Gestirai al meglio questo bene prezioso quando avrai imparato a conoscere al meglio te stesso. Per farlo dovrai capire qual è il momento della giornata in cui dai il meglio di tè, quali sono le tue carenze principali, a cosa dovresti derogare e cosa dovresti affidare a terzi, di quanto tempo hai bisogno per la riflessione e di quanto per una decisione. Insomma, impara a conoscerti, a conoscere le tue attitudini e il tempo si piegherà alla tua volontà.

Una volta che avrai imparato a conoscerti ti sarà più semplice pianificare, ponendoti obiettivi e scadenze prima settimanali, poi, man mano che aumenta la tua capacità gestionale, anche mensili. Saper gestire il tempo è una strategia fondamentale per poter diventare ricchi, ma lo è altrettanto anche circondarsi delle persone giuste. È inutile illudersi, nessuno di noi è del tutto impermeabile all'ambiente e alle persone che lo circondano, tutti siamo passibili di influenza.

Talvolta ci troviamo a subirla anche in maniera inconscia, senza rendercene nemmeno conto, è inevitabile, siamo esseri sociali, e pensare di vivere in una torre d'avorio isolati dal mondo non solo è pura utopia, quanto potrebbe addirittura essere controproducente.

Piuttosto impara a chiederti se le tue frequentazioni sono funzionali alla tua crescita personale, se ti aiutano ad andare nella direzione da te desiderata o se rappresentano per te un ostacolo.

Se trascorrerai del tempo con persone negative, assorbirai un po' della loro negatività, così come se trascorrerai tempo con delle persone vincenti, sarai maggiormente portato ad assumere strategie di successo.

Il segreto sta nel saper scegliere chi frequentare, con quali persone trascorrere il proprio tempo, di quali amicizie circondarsi.

Non è una questione di opportunismo, ma si tratta di essere sincero con te stesso, andando a cercare chi condivide il tuo stesso desiderio di crescita o può darti una mano nella realizzazione dello stesso.

Avere le giuste amicizie, le giuste frequentazioni, rientra in un quadro, in una strategia più ampia, essenziale per diventare una persona di successo.

Stiamo parlando della capacità di saper vivere bene.

Cosa vuol dire questa affermazione? È molto semplice, anche se aspiri sempre ad ottenere di più, devi imparare ad essere felice di ciò che hai, perché una cosa è la sana ambizione, un'altra la distruttiva e perenne insoddisfazione; questa andrebbe assolutamente evitata.

Impara ad apprezzare ciò che hai conquistato nel tempo, ma, soprattutto, impara a goderti le gioie del vivere insieme, i piccoli magnifici momenti che vivrai quotidianamente nel rapporto con chi ti circonda.

Impara dunque a trarre la tua felicità dalla semplicità del quotidiano.

La felicità non consiste nell'avere sempre qualcosa in più, ma nell'apprezzare e godersi ciò che si ha: comincia a vivere un'esistenza equilibrata, ad apprezzare e apprezzarti, ad amare in modo completo e avrai un motore inesauribile di felicità.

Sappi poi che la felicità non è un dono inaspettato, quanto piuttosto una ricerca continua di un equilibrio interiore.

Devi essere deciso in questa svolta mentale e non aver remore, se imparerai a vivere in maniera equilibrata, il successo sarà una conseguenza insita nel tuo modo di agire.

Agire, ho usato volutamente questo termine, perché racchiude in sé l'essenza e il segreto fondamentale della ricchezza: non andrai mai da nessuna parte se le tue rimarranno semplici astrazioni, se passerai il tempo a fantasticare. L'unico modo vero per arricchirsi è, appunto, agire, fare qualcosa.

Solo l'azione può condurre a dei risultati.

Solo se metti davvero in pratica ciò che fino ad adesso hai letto potrai essere un vincente, aumentare la tua ricchezza e il tuo successo. Se questa guida sarà la tua ennesima lettura, fatta così per leggere qualcosa, allora sarà tutto inutile.

Per vincere nella vita devi fare, muoverti e credere in te stesso.

Le regole fondamentali

Vuoi diventare ricco? Bene, sei già a buon punto sulla formazione della giusta mentalità per approcciare ad un nuovo modo di vivere e vedere le cose, una modalità che ti spianerà le infinite strade del successo.

Come dicevamo, sei a buon punto, ma il percorso non è ancora completo.

Fare soldi è come partecipare a un grande gioco di ruolo, come quelli che molti fanno on line, costruendo città, regni o mondi fantastici. Bene, ora però, anziché perder tempo in questi giochini infruttuosi è giunto il momento di impegnarsi in un gioco serio, vero, quello della ricchezza. Anche questo gioco, però, ha le sue regole fondamentali, regole che devi rispettare se vuoi avere veramente successo, se vuoi raggiungere i tuoi target.

Quando ho cominciato il mio percorso pensavo di essere in una sorta di far west, in cui la mia pistola fumante fosse la mia creatività, la mia abilità ed il mio intuito. Con il tempo e con gli errori commessi mi sono dovuto ricredere.

Le doti personali sono importanti, ma il gioco della ricchezza è un gioco estremamente serio, fatto di imprescindibili regole da seguire, da cui non è possibile derogare se si vuole avere successo.

Vediamo nel concreto di cosa stiamo parlando, di quali sono i dettami necessari per spalancarti le porte dell'agiatezza.

La prima di queste regole è di procedere gradatamente, affrontando un argomento alla volta.

Per far capire l'importanza di questa nozione mi piace ricorrere alla similitudine del raggio laser. Il raggio laser non è altro che un insieme di particelle che, convogliate tutte insieme in un punto ben preciso, riescono a rompere la resistenza di qualsiasi materiale anche di quelli più forti come l'acciaio. Ebbene, le tue competenze dovranno essere le particelle che andranno a formare il tuo raggio laser.

Grazie ad esse nessuna materia potrà essere ostica a condizione che il tuo raggio laser si concentri su un argomento alla volta fino a quando non avrai piena padronanza dello stesso.

Facciamo un esempio pratico per capirci meglio: se vuoi guadagnare con la scrittura è meglio porti come obiettivo il self publishing, ma solo quello. Se, invece, contestualmente, vorrai proporti come copywriter, blogger e redattore di testata giornalistica il tuo unico risultato sarà quello di creare una gran confusione, deconcentrandoti e senza riuscire a portare a termine nessuno degli obiettivi che ti sei posto.

Meglio porsi un solo obiettivo e lavorare solo su quello fino a che non avrai raggiunto l'obiettivo prefissato.

Solo quando sarai arrivato alla cima della tua prima vetta potrai considerare quale altro monte scalare per implementare la tua ricchezza.

Un altro fattore determinante ai fini della vittoria è, nel gioco della ricchezza, il tempo.

Il tempo per i ricchi è un valore prezioso, pari al denaro.

Se vuoi diventare ricco comincia a pensare alle ore che perdi come ad una perdita costante di denaro.

Da oggi in poi dovrà valere per te l'equazione:

Tempo uguale denaro

Sfrutta dunque al meglio il tuo tempo, per lavorare innanzitutto, ma anche per acquisire nuove conoscenze, per potenziare i tuoi punti forti e rafforzare i tuoi punti deboli, ma soprattutto non perdere tempo.

Lascia da parte gli alibi che ti crei ogni giorno per rimandare la tua impresa, abbandona le relazioni tossiche, non trascorrere le tue giornate in un bar a vedere la vita e i soldi che ti scorrono davanti senza far nulla, magari lamentandoti, fai qualcosa e fallo subito, senza, appunto, perdere tempo.

Come detto, insieme al tempo anche il denaro, o meglio il modo in cui usiamo il nostro denaro, è una regola fondamentale per diventare ricchi.

Chi non ha grandi possibilità, tende a spendere quel poco che gli avanza, tolte le spese necessarie come affitto, rate, cibo e bollette, in maniera del tutto inutile e superflua, cercando l'appagamento in cose effimere, come una pizza, una birra, lo shopping compulsivo e altre sciocchezze simili.

Se vuoi far soldi devi imparare a gestirli bene, ad utilizzarli nella maniera giusta e, soprattutto a spendere meno di quanto guadagni.

Impara a fare risparmio.

Se, ad esempio, per un mese rinunci ad uscire per andare a cena fuori, alla fine del mese ti troverai un gruzzoletto necessario per investire facendo trading on line, riuscendo, se sei bravo e soprattutto se leggerai la sezione di questa guida dedicata, in poco tempo a decuplicare la cifra iniziale.

Allora la pizza che andrai ad acquistare avrà tutto un altro sapore, ovvero il sapore della vittoria.

Altra regola fondamentale dell'essere ricchi è la costanza:

Non devi arrenderti, mai.

Durante il percorso per la ricchezza troverai ostacoli e deviazioni, non importa, tu prosegui.

Con molta probabilità la strada che percorrerai sarà del tutto diversa da quella che avevi in mente, ma questo non è un problema.

La quasi totalità dei ricchi è diventato tale in modi totalmente diversi da quelli progettati in origine, l'importante è non arrendersi e, come detto nel capitolo sulla mentalità essere testardi.

Ti capiterà spesso di fallire, sappilo, ciò che conta davvero però è essere pervicaci e costanti e, come un'araba fenice, risorgere ogni volta dalle proprie ceneri più forti e convinti di prima.

Stampa bene in mente infine l'ultima fondamentale regola della ricchezza:

Saper prendere dei rischi

Se lasci i tuoi guadagni ad ammuffire su un libretto di risparmio postale non farai molta strada.

Ricorda che solo le menti visionarie fanno strada, e soldi.

Investi in idee innovative, cerca di essere sempre un passo avanti e comprendere ciò che le persone vogliono prima ancora che esse lo desiderino; ti esporrai al rischio di flop clamorosi, ma nel gioco della ricchezza il rischio è regola necessaria e imprescindibile per tagliare per primo il traguardo.

Mindset corretto per mantenere la ricchezza e gestire il patrimonio

Siamo arrivati alla conclusione della prima parte di questa guida per nuovi ricchi ma, prima di passare oltre, andando a vedere come, nel pratico, con quali strumenti e in quali modalità si può generare ricchezza, occorre fare una precisazione.

Se avrai seguito tutti i miei consigli su come impostare una mentalità da milionario, con ogni probabilità avrai raggiunto il successo che meriti; ma, attenzione, diventare ricchi non equivale ad esserlo per tutta la vita.

La ricchezza va gestita e accresciuta in modo costante.

Così come, dopo aver piantato il seme e averlo visto sbocciare, dovrai curare la pianta perché cresca rigogliosa e non appassisca, allo stesso modo dovrai aver cura della tua ricchezza, imparando a gestirla e ad accrescerla attraverso il giusto approccio.

Per far ciò devi innanzitutto abbandonare quello che io chiamo lo schema del salariato, ovvero dell'operaio che si basa sull'entrata dello stipendio fisso e con quello porta avanti la sua vita.

La ricchezza segue vie diverse.

Ciò che ti ha procurato tante soddisfazioni economiche oggi, potrebbe diventare fonte di ingenti perdite di denaro domani.

È per questo che, un bravo milionario è capace di diversificare i propri investimenti.

Non bisogna mai investire in un unico campo.

Fare una scelta del genere vorrebbe dire mettere a repentaglio in un sol colpo la totalità della nostra ricchezza.

Dovrai imparare a concepire la ricchezza come una sorta di puzzle, in cui ogni attività che farai dovrà dare il suo apporto nella crescita del capitale senza mai però essere preponderante.

Questo ti permetterà, nel momento in cui una di esse dovesse diventare improduttiva, di sostituirla con un altro pezzetto di puzzle, con una nuova attività.

Sì, perché, e siamo al secondo punto del mindset giusto per mantenere e gestire la propria ricchezza, i ricchi non rifiutano mai un'opportunità di guadagno.

Facciamo un esempio: hai fatto soldi grazie alla vendita di corsi on line, (nella seconda parte del libro scopriremo come farlo), ma scopri che esistono altri campi redditizi come il marketing di affiliazione.

Pensare di tralasciare questa nuova opportunità sarebbe per te follia pura.

Tutto ciò che si presenta come una fonte di guadagno dovrà essere oggetto della tua attenzione.

Il mio consiglio è di fare uno studio preliminare e approfondito dell'opportunità che ti si presenta e, qualora fosse valida, non avere remore ad investirci tempo e denaro, accrescendo e diversificando la tua ricchezza.

Questo non vuol dire che, se leggi di un investimento che ti promette di far soldi vendendo climatizzatori in Antartide tu ti ci debba buttare a capofitto, senza nemmeno riflettere su ciò che stai facendo.

Le tue decisioni finanziarie non devono essere mai emotive. L'istinto, quando si tratta di soldi, non esiste, o meglio può essere una buona base di partenza ma deve essere seguito sempre da un'attenta riflessione e un approfondito studio del campo che andrai ad affrontare.

Personalmente mi sono imposto come regola quella di aspettare sempre ventiquattro ore, tempo che dedico alla riflessione sui pro e sui contro, prima di decidere se investire o meno in un determinato campo.

Da questa regola mentale appena analizzata ne discende un'altra, altrettanto importante:

Se vuoi rimanere ricco non devi mai smettere di imparare

La conoscenza è un pilastro fondamentale della ricchezza.

Studia senza sosta, cerca di essere sempre aggiornato sulle tendenze del web, sui must, cerca di scoprire cose nuove, leggi, segui corsi, insomma il tuo cervello non deve fermarsi mai.

Questo ti permetterà di trovare nuovi modi per far soldi ma, al contempo di garantirà la preparazione e l'elasticità mentale necessaria per gestire al meglio quelli che già hai.

Un'ulteriore conseguenza del tuo diversificare gli investimenti sarà che arriverai al punto in cui non sarai in grado di gestire tutto da solo ma dovrai per forza di cose derogare a qualcun altro il controllo di una parte delle tue attività.

È inevitabile ed è soprattutto consigliabile.

Non pensare di poter fare tutto da solo.

La cosa ti porterebbe solo un enorme carico di stress senza, fra l'altro, giovare ai tuoi investimenti, perché finiresti col trascurare qualcosa. Meglio chiedere aiuto quando è necessario e farlo, soprattutto nella maniera giusta.

Cosa vuol dire? Che devi circondarti di persone competenti.

Molti pensano che la cosa migliore sia delegare ad amici e parenti: niente di più sbagliato.

Se facessi gestire la mia piattaforma di self publishing a mio cugino che non sa nemmeno accendere un pc probabilmente adesso sarei in rovina.

La conduzione familiare va bene solo se, nella tua cerchia di conoscenze ci sono persone con le competenze adatte.

In caso contrario meglio rivolgersi a professionisti del settore, che ci assicureranno lo Know-how necessario per tenere viva la nostra impresa.

Siamo giunti alla fine di questo capitolo e con esso, della prima parte della nostra guida, fra poche righe scoprirai qual è il vero segreto per far soldi, quello che mi ha portato me dall' essere un disoccupato con l'acqua alla gola ad una persona cui non manca nulla e che può decidere in maniera autonoma della propria vita.

Prima però un ultimo consiglio: essere ricchi non vuol dire comprarsi una fuoriserie al giorno.

Il mio paradosso ti serve a comprendere come sia importante stare attento alle tue uscite di denaro.

È ovvio ed anche giusto che, aumentando le entrate, il tuo stile di vita subirà un inevitabile miglioramento, con un conseguente aumento delle spese, ma attento che ai lussi ci si abitua presto e poi diventa difficile gestire tutte le spese che potrebbero finire per divorare i tuoi guadagni.

Per evitare di fare bancarotta, dunque, cerca sempre di avere uno stile di vita che sia inferiore alle tue potenzialità e controlla in modo costante il tuo patrimonio netto: è questo l'unico, reale indicatore della tua ricchezza.

Abbine estrema cura e non avrai mai problemi.

Cominciamo a fare soldi: una doverosa premessa

All'inizio della prima parte del libro ti ho spiegato come, da un giorno all'altro, mi sono trovato senza lavoro e con tante spese e di come, in seguito ad un'approfondita riflessione, abbia deciso di cominciare a far soldi, quelli veri, e di non accontentarmi più.

Quello che in modo voluto ho tralasciato è il come ho iniziato a far soldi, a vedere il mio conto corrente lievitare giorno dopo giorno, arrivando a cifre che mai, in vita mia, avrei sognato di possedere.

Il percorso non è stato semplice anche perché, nei primi tempi, sono rimasto ingabbiato nella mia vecchia mentalità da lavoratore dipendente.

Pensavo che l'unico modo per far soldi fosse fare tre, quattro lavori contemporaneamente, risparmiando il più possibile per poi aprirmi un'attività mia, un ristorantino, un negozio di alimentari, un mercatino dell'usato, qualsiasi cosa fosse mia.

A pensarci oggi, ci sorrido su perché, in realtà, non facevo altro che dibattermi sempre nella stessa rete mentale come un pesce qualsiasi.

In pratica mi stavo condannando a una vita trascorsa al lavoro, sacrificando la mia famiglia, i miei figli, ma soprattutto me stesso, la mia vita.

La mia fortuna è stata la mia continua capacità di conoscere, di informarmi, di studiare.

Non mi stancherò mai di dirlo: chiunque può avere la capacità di sfondare, basta volerlo, e, soprattutto basta studiare.

Dopo l'illuminazione datami dalla frase di Jobs ho, quindi, cominciato a fare ricerche, a studiare le vite di coloro che ce l'avevano fatta, che erano riusciti a fare il salto di qualità, che erano diventati milionari, e in queste mie ricerche ho trovato la chiave di volta, il mattone fondante dell'intero edificio su cui si basa la mia ricchezza: il reddito passivo.

Ed è qui che è cominciata la mia vera scalata e, ovviamente da qui inizierà il tuo percorso per capire come fare soldi veri.

Il reddito passivo: il Sacro Graal del milionario

So che leggendo queste magiche parole, reddito passivo, le hai associate a spiagge assolate, belle hawaiane, free bar e tu sdraiato su una comoda amaca a veder scorrere tramonti mentre il tuo conto in banca si gonfia a dismisura come per magia, da solo.

Bene, resetta questa immagine perché sei completamente fuori strada.

Questa vita la fanno i figli dei miliardari che sperperano il patrimonio dei genitori.

Le persone affamate di successo che partano dal nulla fanno altro: puntano a crearsi una rendita mensile passiva.

Creare tali presupposti significa trovare la libertà finanziare, permettendoti di rimanere, quando lo ritieni opportuno, improduttivo e di liberarti dall'incubo del reddito derivante da prestazioni di natura professionale.

Il flusso costante di entrare ti permette di diventare padrone del tuo tempo e delle tue scelte; questo però non vuol dire che, ai primi risultati raggiunti prendi moglie e figli e scappi alle Maldive buttando via pc e cellulare; ti ritroveresti dopo qualche mese ad elemosinare soldi per il biglietto di ritorno in ambasciata.

Creare reddito passivo implica un lavorio continuo ma, rispetto alla concezione del lavoro tradizionale, le soddisfazioni economiche potrebbero essere decuplicate. Senza dimenticare il dolce gusto della libertà d'azione che solo con il tempo riuscirai ad apprezzare: nessun vincolo d'orario, nessun capo, nessun piano ferie da presentare.

Magari alle Maldive ci puoi andare o, come me, alle Canarie, ma porta il pc con te, perché ti basterà quello per far soldi.

Ma, soprattutto, se vuoi imparare a far soldi col reddito passivo ciò che non dovrai mai lasciare a casa sarà la tua intelligenza.

Dico questo perché, nell'avventurarsi in questo campo bisogna partire la consapevolezza che, prima di capire come funziona il "sistema" ci vorrà impegno e probabilmente anche qualche fallimento.

Bisogna anche che ti sia ben chiaro che alcuni campi, capaci di generare grandi reddite passive oggi, potrebbero sgonfiarsi come palloncini domani. E quindi tu dovrai essere abbastanza intelligente e flessibile per saltare da un'avventura all'altra, senza mai fermarti.

Detto ciò, cominciamo il nostro percorso per capire come

iniziare a macinare soldi senza lavorare in una quantità irraggiungibile rispetto a chi lavora.

Partiamo dal capire cos'è il reddito passivo.

L'idea che va per la maggiore, la stessa che ho condiviso anche io quando mi sono avventurato in questo campo è quella di essere di fronte ad una sorta di interruttore che, una volta premuto, genera soldi all'infinito, una sorta di albero degli zecchini di Pinocchio, con me a fare da spettatore.

Ero completamente preso da questa idea tanto da cominciare già a vedere voli in giro per il mondo, ero entrato in una sorta di trance estatica.

Beh, ovviamente, mi sbagliavo.

Mi spiego bene, con le reddite passive ti potrai assicurare una vita di prima classe, ma dovrai lavorare per farlo, dovrai seguire le imprese in cui ti imbarchi, rinfrescandole, adattandole alle mutate esigenze del mercato e, in alcuni casi abbandonandole a favore di altre.

Io lavoro duramente ogni giorno sulle mie rendite passive ma, quando vedo le mie entrate attuali e ripenso alla mia precedente vita sulla catena di montaggio, sfruttato, spesso maltrattato e pagato una miseria, beh quasi mi commuovo.

Oggi lavoro ma, come tutti coloro che si dedicano a generare reddite passive, lo faccio attraverso modalità molto più interessanti e soprattutto, profittevoli e, allo stesso tempo, ho molto più tempo per me, per le mie passioni e per i miei hobby.

Da quando ho avuto il coraggio di abbandonare la filosofia

schiavista del lavoro dipendente ho molto più tempo per me per studiare, imparare, stare con i miei figli viaggiare, vivere insomma, e se sento il bisogno di aumentare le mie entrate allora basta impegnarmi un po' di più ed il gioco è fatto.

Naturalmente per far ciò ho dovuto sviluppare una serie di conoscenze che mi sono costate notti insonni e tanto sacrificio ma che tu troverai comodamente condensate in questa guida.

Qui, infatti parleremo delle principali modalità di accesso alle reddite passive, spiegate in maniera chiara e semplice in modo che tu possa inoltrartici al meglio e con altissime possibilità di successo.

Perché ciò accada bisogna però che tu parta dalla conoscenza delle leggi basiche dell'economia e della finanza, per poi stabilire alcune dinamiche generali inerenti alla libertà finanziaria determinata dalla rendita e al reddito passivo.

Partiamo dunque da una regola generale dell'economia ovvero:

"Il denaro si genera dove un valore reale viene creato".

Ovvero creerai denaro ogni qual volta sarai capace di creare un beneficio per ottenere il quale ci saranno persone disposte a pagare.

Un passaggio molto semplice, ma ignorato dai più.

Ogni volta che entra del denaro sul tuo conto corrente vuol dire che hai creato un valore e che quel valore ti è stato riconosciuto sotto forma di denaro: per generare soldi devi fornire un beneficio per qualcuno.

Intendiamoci, anche se costruisci lavatrici in una catena di montaggio stai creando valore.

Nel momento in cui con il tuo bell'avvitatore infili le viti sulla scocca posteriore dell'elettrodomestico, e lo fai per otto ore al giorno per cinque giorni alla settimana, stai soddisfacendo il bisogno del tuo datore di lavoro che ha necessità di una serie di figure che gli costruiscano la sua bella lavatrice e alle quali l'imprenditore riconosce un corrispettivo in denaro, ovvero lo stipendio, per il servizio fornito.

La tua retribuzione si basa quindi su una semplice formula:

Reddito = Tempo x Valore

Essendo il tempo una risorsa limitata, tutti noi cerchiamo, per aumentare le nostre entrate, di agire sul secondo fattore, vale a dire il valore. Per farlo studiamo, ci specializziamo, frequentiamo master con l'obiettivo di raggiungere un titolo accademico che ci permette di salire in modo rapido la scala sociale e veder riconosciuto in termini economici il nostro valore.

Giustissimo.

Ma questa equazione ha un limite.

Quando avrai raggiunto la massima possibilità di guadagno con valore da te proposto non potrai più crescere perché sarai limitato dal tempo.

Non puoi, a meno che non hai inventato una macchina del tempo, espanderlo all'infinito, ti trovi di fronte ad una risorsa limitata. Inoltre, ciò che devi avere molto chiaro è che il valore fruibile una sola volta o, comunque, a intervalli lontani, non è mai sufficiente per creare ricchezza passiva.

Non pensare che il tuo problema sei tu, perché non hai le conoscenze di un chirurgo, di un avvocato, di un artista, insomma di chi nella scala del lavoro classico, sta sopra di te.

Ti sbagli, o almeno in parte sei fuori strada.

Sicuramente il valore prodotto dal chirurgo, dall'avvocato, dall'artista, ha un riconoscimento economico maggiore del tuo, umile operaio, ma anche il loro valore può essere consumato spesso di volta in volta e comunque con una certa rarità.

L'artista potrà fare un'opera alla volta allo stesso modo in cui tu avviti una lavatrice per volta.

È qui che il reddito passivo innesta il suo punto di svolta, o meglio che crea il punto di volta della tua ricchezza.

La "magia", o meglio l'unicità del reddito passivo consiste nella capacità di annientare questa formula o meglio il limite di questo rapporto creando una forma di valore fruibile contemporaneamente da un vasto numero di persone e per un infinito numero di volte.

Il valore lo creiamo noi individui, ma questo non implica che dobbiamo essere noi stessi, in prima persona a venderlo o a fornirlo.

Non obbligatoriamente il valore da te creato dovrà essere fornito da te o da qualsiasi altro essere umano da te incaricato.

Prendiamo in esame alcuni esempi, perché la situazione appaia in tutta la sua lampante chiarezza.

Amazon è nata dall'iniziativa di un individuo indubbiamente geniale, che ha creato un valore inestimabile con quest'idea.

Ma non è certo Bezos in persona a fornirtelo.

Non ti porta lui a casa gli ordini che fai giornalmente.

Allo stesso modo, se vivi in affitto, sai che il tuo padrone di casa ha lavorato sia per comprare l'appartamento, sia per trovare un inquilino.

Dalla vostra contrattazione avete dato un valore all'affitto che lui non fa altro che ricevere mensilmente senza doverti dare in cambio ogni mese un nuovo appartamento.

Se come me, sei bravo nel creare un contenuto per il quale potrai richiedere un compenso mensile, avrai creato un unico valore, ovvero un valore una sola volta, che, però, ti permetterà di percepire un reddito passivo, in questo caso mensile.

Siamo arrivati al cuore della questione, ovvero alla definizione di reddito passivo come quel reddito che nasce da attività che dipendono solo in misura veramente marginale dal tuo impegno da un punto di vista prettamente temporale.

Parleremo di reddito passivo, dunque, in tutte quelle attività in cui il reddito creato sarà sproporzionato in senso positivo rispetto al tempo impiegato per creare il valore offerto, spezzando la proporzione tempo/valore di cui parlavamo all'inizio del capitolo.

Questa è l'unica via per una sicura scalata al successo.

Adesso che il concetto di rendita passiva è chiaro vediamo a quale tipo di valore ci possiamo affidare per cominciare a diventare ricchi.

Partiamo facendo una distinzione fra i tre tipi di valore utili per diventare milionari:

1. **Vendere valore**
2. **Affittare valore**
3. **Guadagnare con un valore indiretto**

Nel primo caso siamo di fronte ad una terminologia abbastanza conosciuta da tutti.

Con la vendita avrai, un trasferimento unico in cambio di denaro: se ad esempio vendi la tua macchina in cambio di tot euro avrai generato un valore, così come se svolgi un lavoro in ambito professionale. Capisci che questa metodologia, nell'unicità della creazione del valore, non può essere una creatrice di reddito passivo, perché la tua macchina potrai venderla una volta sola.

Se però tu fossi capace di creare valore usando le tue competenze per vendere un prodotto digitale, come un ebook o anche un video corso, ecco che, avresti la capacità di vendere infinitamente volte il tuo prodotto con il vantaggio di non doverti impegnare in prima persona in ogni singola vendita, creando così, per l'appunto, un reddito passivo.

Un'altra importante fonte di reddito passivo è data dall'affittare il valore.

Il caso esemplare è quello dell'appartamento in affitto che abbiamo visto in precedenza.

Ricorda che nel momento in cui tu affitti una casa il valore non è dato dall'appartamento in sé, ma dai comfort presenti, dalla qualità della costruzione, della coibentazione, degli arredi, insomma dalla qualità generale dell'immobile.

Più la qualità sarà alta, maggiore sarà il valore da te generato.

L'ultima forma di valore utile per la creazione di reddito passivo è data dal guadagno attraverso un valore indiretto.

Ancora una volta il Web che, come vedremo nei capitoli successivi, è una vera miniera d'oro per le reddite passive, ci viene incontro.

Immagina, per un attimo, i diversi blog che ormai spopolano in ogni disciplina.

Ce ne sono alcuni che hanno avuto un enorme successo, attirando milioni di visitatori interessati dalla visione e dalla lettura di contenuti gratuiti. I creatori di questi blog sono stati capaci, attraverso la fidelizzazione dei propri visitatori, di creare un valore indiretto che può essere facilmente monetizzato "prestando" i propri followers alle piattaforme pubblicitarie che pagheranno per essere visibili su quel determinato blog.

Dopo questa breve panoramica sul concetto e sul funzionamento del reddito passivo è ormai chiaro che questa sia l'unica strada vera per arricchirsi.

Ora tocca a te cominciare a darti da fare, andando ad analizzare per ognuno dei campi presi in esame il rapporto costi/benefici in modo che tu, trovando la "nicchia" più adatta a te, possa cominciare a creare valore e, finalmente soldi.

Questo non significa, ovviamente, che ti lascerò solo sul più bello.

Adesso cominceremo, infatti, ad analizzare le principali modalità di creazione di reddito passivo; quelle che ho utilizzato nella mia scalata verso la ricchezza, partendo dal nulla e rivoluzionando la mia esistenza.

Se sei arrivato fin qui con la lettura vuol dire che il tuo animo è pronto per la grande svolta, quindi rompiamo gli indugi e cominciamo a vedere concretamente come far soldi.

I principali metodi di guadagno

Entriamo ora nel vivo, nel cuore pulsante del metodo che ti porterà, se sarai costante e determinato, a diventare ricco.

Da questo punto in poi ti mostrerò esclusivamente i migliori metodi per fare soldi con estrema facilità.

Ci concentreremo soprattutto su quelli che sono i **Core business** della mia azienda: le attività in cui io in primis ho investito e che mi hanno portato alla completa libertà finanziaria.

Ma non ci fermeremo qui, alla fine troverai anche un capitolo bonus dedicato a nuovi modi di far soldi, per intenderci i campi che io stesso sono sul procinto di avviare o che ho avviato da poco.

Ricorda che per produrre nuova ricchezza dovrai essere sempre aggiornato e se possibile anticipare i trend che si delineano sul mercato.

Un'ultima precisazione: tutti i metodi di guadagno che andremo ad analizzare sono online.

Il motivo è semplice: se vuoi creare una rendita passiva devi rendere il tuo valore acquistabile più volte e per più tempo e l'unico luogo con questi requisiti è il web.

Ti mostrerò quindi diverse forme di vendita di valore, affitto di valore e creazione di valore indiretto.

Adesso tutto è chiaro, non ci resta che partire: concentrati, crea una situazione giusta perché la comprensione di ciò che andrai a leggere sia ottimale e sii convinto di ciò che stai facendo, i risultati non tarderanno ad arrivare!

Amazon Fba

Navigando in rete e cercando un modo per aumentare le tue entrate mensili ti sarai sicuramente imbattuto in numerosi articoli che parlano di Amazon Fba come di un'opportunità di guadagno irrinunciabile, come l'eden della ricchezza, dove potrai fare soldi a palate con una semplicità disarmante.

Diffida da chi ti promette mari e monti, nella maggior parte dei casi si tratta di persone che non hanno la minima idea di ciò di cui stanno parlando.

Questo business è sicuramente un'ottima fonte di guadagno, ma non certamente una lampada magica da strofinare per far uscire il genio che esaudirà ogni tuo desiderio. Io stesso uso ancora oggi questa ottima fonte di guadagno, ma come per ogni attività finanziaria, bisogna sapere ciò che si sta facendo e in particolare conoscere pregi e difetti del prodotto che stai utilizzando.

Quindi cerchiamo di capire insieme cos'è Amazon Fba e come

funziona.

La sigla FBA sta ad indicare "Fulfillment by Amazon", tradotto in italiano "fatto da Amazon".

Siamo di fronte ad un servizio davvero straordinario, come tanti offerti da Amazon, per cui il cliente verrà supportato nell'inventario, nel supporto logistico e finanche nel servizio clienti.

Chi usufruisce di questo servizio non dovrà far altro che spedire i propri prodotti presso i centri di distribuzione Amazon che provvederà ad immagazzinarli.

Ad ordine effettuato i dipendenti Amazon provvederanno ad imballare il prodotto in questione negli appositi cartonati, e a inviarli al cliente finale: in poche parole, tu vendi e Amazon distribuisce per te.

Questo è quello che un po' tutti noi sappiamo, però, per capire bene come funziona il processo dobbiamo entrare maggiormente nel dettaglio.

In pratica il Fulfillment by Amazon segue le seguenti tappe:

1. Acquisti la tua merce e la invii ad uno dei centri di stoccaggio merci di Amazon, dove i tuoi prodotti vengono memorizzati e, appunto stoccati in magazzino. La memorizzazione permette ad Amazon di avere un inventario sempre aggiornato e a te di avere un tracking costante della tua merce.

2. Nel momento in cui il cliente finale ordina il tuo prodotto, uno dei dipendenti del colosso di Bezos prende l'oggetto in questione e lo imballa.
3. Successivamente, grazie alla propria rete logistica, Amazon invia il prodotto secondo le metodologie indicate dai clienti fornendogli un tracking costante ed aggiornato.
4. Sempre Amazon si occupa del postvendita grazie al proprio servizio clienti.

Insomma, niente male vero?

Tu ti occupi dell'acquisto del prodotto, al resto ci pensa Amazon.

Bisogna anche aggiungere che Fba cura non solo gli ordini provenienti da proprio portale ma anche quelli fatti da altre piattaforme o dal tuo sito personale, unificando le vendite in un unico inventario che ti permetterà di avere costantemente un quadro aggiornato della situazione.

La situazione così descritta, ti avrà, probabilmente, già dato un'idea di come possa essere fruttuoso guadagnare grazie a Fba, soprattutto grazie all'abbattimento dei costi di logistica e di magazzino.

Ma, come già detto all'inizio del capitolo, non sono qui per farti vedere spiagge assolate e miraggi lontani, ma per mostrarti i fatti nella loro realtà.

Proprio per questo ho deciso di entrare ancora più del dettaglio, mostrandoti i vantaggi dell'uso di Fba, ma anche gli svantaggi ed infine come far soldi con questa incredibile opportunità.

I vantaggi di Fba

Uno dei più grandi vantaggi dell'affiliazione a Fba è l'enorme visibilità che ti verrà fornita.

Questo perché i prodotti Fba rientrano nella categoria di prodotti ammissibili in Prime e, come ben sai, questi sono i primi ad essere visualizzati in ogni ricerca Amazon.

Da questo primo vantaggio ne deriva, in stretta concatenazione, un secondo: prime non solo aumenta le visibilità, ma anche le vendite perché i clienti prime sono, mediamente, coloro che spendono di più.

Ancora, se usi Fba avrai maggiori probabilità di vincere la Buy box. Cos'è? La Buy Box è quella famosa casella dove trovi scritto acquista ora. Bene, la maggior parte dei clienti finali non sa che per un determinato prodotto esistono diversi venditori e, forse, non lo sapevi nemmeno tu.

Quando acquistiamo da Amazon nell'ottantadue per cento dei casi clicchiamo sulla fatidica Buy box: questo ti dà la dimensione di come sia importante avere un vantaggio di partenza per ottenerla.

Fra i grandi vantaggi dell'affiliazione Fba non possiamo poi dimenticare la spedizione gratuita, scelta dalla stragrande maggioranza dei clienti, e il cosiddetto salva-trasporto.

Sempre in ambito spedizione si ha la possibilità di offrire al cliente, con un piccolo supplemento, il servizio di spedizione notturna, con un incremento delle vendite che può raggiungere numeri impressionanti, fino al venticinque per cento.

Non dimentichiamo poi che Amazon a seguirà il post-vendita del prodotto, liberandoti quindi da una spesa che, in alcuni casi, può essere davvero importante.

Insomma, tutto ciò che dovrai fare sarà acquistare la tua merce e spedirla al centro Amazon che provvederà a tutto il resto in cambio, di una somma di denaro da versare in quote mensili o annuali.

Infine vorrei segnalarti un aspetto determinante: essere venditori Fba comporta un'alta conversione delle vendite poiché agli occhi del cliente finale, il venditore non sarai tu ma Amazon stesso, un marchio che le persone vedono come sinonimo di affidabilità e precisione.

Questo ti proteggerà anche da feedback negativi riguardanti l'aspetto del trasporto e della consegna merce, che verranno addebitati ad Amazon lasciandoti protetto.

Le criticità di Fba

Come avrai potuto notare da quanto fino ad ora letto, Fba è un'opzione davvero molto interessante per far soldi.

Io la uso ancora oggi, nonostante sia stato uno dei miei primi business, e i profitti sono di tutto riguardo.

Ma a me non piace prendere in giro le persone, quindi adesso ti svelerò le possibili difficoltà e i problemi che riscontrerai nell'uso di Fba.

Partiamo da principio, ovvero dall'ingresso in questo meraviglioso mondo che, però, ha una porta d'entrata abbastanza stretta.

Limitare l'entrata significa sicuramente avere meno concorrenza ma, al contempo, anche avere una certa capacità d'investimento iniziale.

Partire con Fba vuol dire che dovrai aprire una partita Iva, possibilmente creando una S.r.l., registrare il tuo marchio per evitare una copia continua del tuo prodotto che finirebbe per trasformarti in uno dei tanti.

Formarti, anche se in tal senso, una bella spinta l'avrai da questa guida.

Acquistare la tua merce, ovviamente in Cina, anticipando non solo l'intero importo di ciò che andrai ad acquistare, ma anche pagare il trasporto, l'importazione, le tasse doganali e, dulcis in fundo, l'IVA sull'acquisto.

Io ho iniziato con un "piccolo" capitale, che all'epoca era il massimo che potessi permettermi, ma in breve ho triplicato in guadagno l'investimento fatto.

Essere affiliato ad Amazon vuol dire che milioni di persone potranno visionare il tuo prodotto, ma vuol anche dire che sarai ineluttabilmente legato ad Amazon stesso e che non avrai il dominio totale e assoluto sull'avventura da te intrapresa, con i problemi che questo comporta.

Il principale di essi potrebbe essere la sospensione o addirittura la cancellazione dell'account.

Questo accade se violiamo, anche in maniera ingenua o addirittura involontaria, le linee guida di Amazon, e la conseguenza è, appunto, la sospensione per diverso tempo o addirittura la cancellazione definitiva dell'account.

Un colpo del genere potrebbe essere letale per la tua impresa e stroncare ogni velleità di crescita sul nascere.

Altro punto critico potrebbe essere il servizio clienti dei tuoi fornitori, per il quale potresti anche attendere giorni prima di avere uno straccio di risposta.

Amazon si riserva poi la facoltà di rispedire la merce al mittente nel caso in cui questa non rispetti le regole stabilite in maniera dettagliata da Amazon stesso.

Potrebbe poi capitare di avere problemi con la logistica di Amazon con pacchi che arrivano rovinati e conseguenti rimborsi che rallentano il tuo business.

Infine non bisogna dimenticare che lo smistamento e l'immagazzinamento da parte di Amazon non sono gratuiti e che i costi negli ultimi anni hanno avuto un incremento sostanzioso, fino a ricoprire quasi un trenta per cento del prezzo finale di vendita.

Guadagnare con Fba

Abbiamo visto quali sono pro e contro di quest'ottimo metodo di guadagno, vediamo ora quanto e come poter guadagnare con Fba.

Partiamo dal presupposto che, una volta entrato nel trend giusto e capito come funziona il business, per aumentare i profitti dovrai solo ampliare il ventaglio degli oggetti in vendita ed aspettare l'aumento graduale dei guadagni.

Si tratta di una forma di guadagno abbastanza semplice, in cui gioca un ruolo fondamentale la liquidità necessaria per affrontare le spese di acquisto e approvvigionamento merce, ma soprattutto, non far mai mancare il prodotto sulla tua pagina Amazon.

Se ciò accadesse, infatti, perderesti rapidamente posizioni sulle pagine di vendita Amazon.

Dovrai quindi essere capace di anticipare l'esaurimento della merce ordinando in maniera preventiva un nuovo stock almeno tre mesi prima.

Se ben condotto, con ratio, senza colpi di testa e, soprattutto senza fare sciocchezze, questo business potrebbe farti guadagnare a pieno regime, soldi nell'ordine delle centinaia di migliaia di euro.

Ma per far ciò non ci si può improvvisare.

È importante fare determinate scelte e seguire determinate dritte che sarò ben lieto di condividere con te.

Il primo consiglio è quello di cercare di ridurre i costi, cercando ad esempio di spostare la propria posizione fiscale verso paesi con tassazioni più leggere della nostra, come Dubai e Regno Unito. Questo è un passaggio che puoi fare una volta che il business è a regime e hai la possibilità di valutare con massima serenità tale opportunità.

Un altro fattore di notevole impatto è la scelta del prodotto che andrai a commercializzare. La concorrenza è davvero forte e spietata, quindi investire sul prodotto vincente ti consentirà di avere la meglio.

Resta inteso che la scelta dell'articolo giusto va svolta con estrema attenzione e professionalità, possibilmente investendo anche in specifici software.

Tali software seguono, tracciano e consegnano report completi delle vendite di tutti i prodotti presenti sul mercato Amazon oltre che delle posizioni su cui si attesta la concorrenza.

Questi programmi ti eviteranno di cadere in un duplice errore: commercializzare un prodotto che hai pagato troppo, e per il quale il tuo margine di guadagno sarà praticamente nullo, facendoti fare fatica per nulla; oppure non riuscire a vendere il tuo prodotto perché il segmento di mercato in cui ti sei posizionato è già stato saturato dalla concorrenza, in quel caso il rimedio potranno essere le promozioni ma il tuo profitto si abbasserà.

La stessa cura che hai nella selezione del prodotto dovrai averla anche in quella del fornitore, di colui che ti costruirà materialmente il prodotto.

Un buon fornitore dovrà essere in grado di limitare i malfunzionamenti della merce al minimo fisiologico, per evitare di trovarti a rimborsare centinaia di clienti.

Io consiglio, anche in questo caso, un ulteriore investimento, inviando una società terza dal fornitore per un controllo della qualità.

È chiaro che il nostro fornitore non dovrà essere troppo esoso o i nostri margini andranno in fumo sul nascere e allo stesso tempo dovrà essere preciso e non farti trovare nella situazione di avere il magazzino vuoto a causa dei suoi ritardi.

Il tuo fornitore infine dovrebbe essere abile nello sviluppo del prodotto con continui upgrade capaci di portarti sempre un passo avanti rispetto alla concorrenza e farti posizionare tra la lista dei migliori rivenditori

Questi sono requisiti che ho personalmente testato e ritengo essenziali per lo sviluppo di questo tipo di business.

Dopo la produzione arriva il momento dell'importazione.

Il consiglio è di non affidare quest'operazione al fornitore che, cercherà un ricarico anche in quest'ambito: meglio affidarsi a società specializzate in import/export che, essendo in concorrenza fra loro, avranno sicuramente prezzi più competitivi.

Importante poi decidere come spedire la merce, con quale mezzo: di solito il discrimine è dato dal peso e dal volume della stessa. Maggiore è il volume più sarà conveniente la spedizione via nave; in caso di carichi minori meglio affidarsi all'aereo; da evitare il trasporto via treno a causa dei tempi biblici di consegna.

Quando finalmente la tua merce sarà arrivata nel magazzino Amazon di destinazione potrai dedicarti al cosiddetto lancio del prodotto: vale a dire tutte quelle tecniche promozionali utili per farti vendere il più possibile.

Perché tu faccia un buon lancio dovrai avere una cura maniacale della tua pagina di vendita, cercando la massima ottimizzazione delle Keyword usate nel titolo, capaci di rendere il tuo prodotto "visibile" alla più vasta platea possibile di potenziali compratori.

Importante anche una cura estrema dei cosiddetti bullet point, gli elenchi delle caratteristiche principali dei tuoi prodotti che insieme alla descrizione dovranno essere scritti da copywriter professionisti.

Altrettanto importante sarà la qualità delle foto dell'oggetto venduto, che dovrà essere estrema. Anche la pubblicità è utile per partire con il giusto sprint, per ottenere la necessaria visibilità fin dal primo momento.

Se seguirai questa modalità e questi consigli il tuo futuro in Fba sarà assicurato.

Siti web di nicchia

Vediamo adesso come fare soldi con un'altra metodologia, ovvero con lo sviluppo di siti web di nicchia.

In realtà più che di siti web dovremmo parlare di ancor più economici blog, campo che si sta rivelando, a fronte degli investimenti iniziali bassi, davvero redditizio.

Senza scomodare personaggi che hanno avuto un successo planetario, basti pensare che da statistiche alla mano risulta che un buon trenta per cento dei blogger guadagna almeno duemila euro al mese.

Un'altra prova è data dalla frequenza con cui su Google è cercata la frase "fare soldi con i blog", che ha avuto negli ultimi tempi una vera e propria impennata.

Insomma, anche in questo caso ci troviamo in un campo che può dare ottime soddisfazioni, a patto che tu lo si faccia per bene e che tu sappia come far arrivare soldi dal tuo blog personale.

Le modalità di guadagno sono davvero tante e vanno dal comune banner ai lati del testo alla creazione e vendita di tuoi prodotti alle recensioni sponsorizzate.

La metodologia giusta da scegliere non è univoca, ma determinata dal settore in cui ti sei lanciato e, soprattutto dalle scelte che farai.

In linea generica possiamo dire che la vendita dei servizi si delinea come un processo abbastanza complesso soprattutto per chi, come te, è alle prime armi, anche se in questo settore il margine di profitto è davvero importante.

Un'altra fonte di reddito importante è data dagli annunci che però, per essere redditizi necessitano di un lavoro continuo di arricchimento dei contenuti da parte tua, con un lavoro maggiore e, di conseguenza, minori margini di profitto.

Rimane poi il marketing di affiliazione, che affronteremo in un capitolo successivo, ma che è sicuramente la più equilibrata delle forme di monetizzazione e, di conseguenza, la più duratura.

Come potrai ben capire da quanto detto fino ad adesso ci troviamo di fronte ad una nuova miniera d'oro, sta a te capire quanto potrà essere ricco e duraturo questo filone.

Intanto però cominciamo a scavare e a capire come fare per costruire un sito davvero accattivante.

Quelli che io definisco i benpensanti affermano che, per la riuscita di un blog, l'unico fattore di misurazione valido è dato dalla qualità dei contenuti.

Purtroppo, non è così, o almeno non è solo così.

La creazione di contenuti di qualità per il proprio sito è solo il primo passo per avere successo in questo campo.

La verità, infatti, è che per cominciare a fare soldi bisogna conoscere il pubblico a cui rivolgersi e avere la capacità di soddisfare i bisogni di questa determinata fetta di navigatori.

Per far ciò, quindi, oltre la qualità del contenuto, appunto, ci sono altri due fattori fondamentali per una buona monetizzazione del proprio sito: la scelta di un argomento ben determinato, o "nicchia", e l'individuazione di una determinata platea attraverso un traffico web mirato.

Solo dal mix corretto e sapiente di questi tre elementi potrai cominciare a fare soldi con il tuo sito o blog che sia.

Siamo di fronte ad un elemento fondamentale per il successo del tuo sito, è inutile cominciare a costruire un qualcosa senza sapere dove andare a mirare o, addirittura, puntando nella direzione sbagliata, magari andando a vendere un prodotto non adatto all'acquisto sul web, come, ad esempio, un gommone, o prendendo lo stesso esempio, con un connotato di forte stagionalità, (chi comprerebbe un gommone d'inverno?).

Ti ho fatto questo esempio perché ti sia chiaro come, per cominciare a far soldi con il web, è fondamentale la scelta della nicchia.

Ora, insieme, cercheremo di capire come trovare una nicchia redditizia.

Le modalità per una buona riuscita di quella che altro non è che una vera e propria indagine di mercato sono davvero tante, noi però ci concentreremo su quelle che hanno, a mio parere, maggiori possibilità di successo, vediamo insieme quali sono:

Cerca la direzione del denaro

Il primo metodo per lo sviluppo di una nicchia redditizia consiste nel capire dove vanno i soldi, o meglio dove c'è un numero tale di inserzionisti disposti a spendere soldi pur di essere "indicizzati", ovvero essere visibili ad un mercato assai ampio, grazie alla visibilità sui maggiori motori di ricerca.

Per iniziare in maniera semplice basterà effettuare una ricerca proprio con i maggiori motori di ricerca, come Google o Bing.

Se, ad esempio, digitando "composizioni floreali", troverai almeno tre inserzionisti nei primi risultati vuol dire che sei di fronte ad una potenziale nicchia redditizia.

Per un'analisi più approfondita del mercato, cosa che io ti consiglio perché la tua scelta sia oculata, potresti anche usare alcuni software gratuiti come, ad esempio Google Keyword Planner, strumento che ti permette di avere una sorta di preventivo grazie alla stima del costo medio per clic per quel dato campo, ma che in più ti mostra anche il potenziale guadagno per clic in quel determinato settore grazie a Google Adsense.

Questo ti permetterà di capire quali sono i settori la cui pubblicazione sul tuo sito ti fornisce le maggiori possibilità di guadagno. Ricorda però che la stima mostrata è approssimativa e che a te andrà solo una percentuale della stessa, oscillante fra il trenta e il cinquanta per cento.

Un altro programma che ti potrebbe essere molto utile per la ricerca delle giuste parole chiave è, senza ombra di dubbio, Spyfu.

Un software che nella versione gratuita ci permette di sapere quanto e in che direzione gli inserzionisti stanno investendo nel cosiddetto pay-per-click, ovvero in pubblicità in cui l'elemento di costo è dato dal clic dell'utente.

In tal modo potremo avere accesso ad una vasta panoramica che ci permetterà di capire verso quali parole chiave si stanno orientando gli inserzionisti e, di conseguenza, scegliere la nostra nicchia.

La ricerca è breve, ci vogliono circa cinque minuti, e molto intuitiva, basta digitare il dominio dei diretti concorrenti o dei brand più affermati per la nicchia selezionata e osservare i risultati, chiari da leggere grazie a report statistici molto intuitivi.

Usa Facebook

Facebook è molto di più di un semplice social dove postare foto delle proprie vacanze o foto di gatti divertenti.

Sei di fronte ad un social in cui sono affiliate miliardi di persone e, di conseguenza, hai di fronte un ottimo strumento di ricerca per comprendere le dinamiche della nicchia che hai scelto per il tuo sito web.

Potrai infatti capire qual è il tuo target, vale a dire il pubblico a cui dovrai rivolgerti, confrontarti con la concorrenza; cercare di capire se la nicchia da te scelta potrà essere redditizia, insomma, uno strumento davvero utile per chiarirsi le idee.

Nel primo caso, creando una tua pagina personale dove comincerai a trattare l'argomento del tuo sito nicchia, potrai profilare i tuoi fan.

Questo vuol dire che andarai a vedere i singoli profili di coloro che ti seguono, cercando di capirne le abitudini e anche facendoti un'idea dell'età media, della loro collocazione geografica, delle loro informazioni personali.

In generale ciò che dovrai fare è crearti un'idea piuttosto dettagliata del tuo fan ideale, dal suo status sociale alle sue abitudini.

Potrai anche unirti ai numerosi gruppi Facebook, ne esistono a migliaia, e capire di cosa parlano le persone, quali sono le loro esigenze, i loro bisogni.

Ma Facebook non serve solo per profilare il proprio pubblico: ci permette anche di dare un'occhiata ai nostri concorrenti.

Per farlo basterà, nella sezione approfondimenti della nostra pagina, cercare fra le pagine da guardare. In questo modo Facebook ti mostrerà pagine simili alla tua; pagine che tu andrai a spulciare per capire quali sono i post e gli argomenti che riscontrano maggior successo. Grazie alle informazioni ricevute da questo tipo di ricerca, potrai capire in maniera chiara se l'attività di nicchia da te scelta può essere fruttuosa, verso quale target devi indirizzarti perché lo sia, quali contenuti pubblicare per avere successo e, infine, potrai prendere spunto dalla concorrenza per proporre contenuti accattivanti.

Fai la ricerca delle parole chiave

Le keywords sono le chiavi del successo per il tuo sito.

L'essenza del guadagno con i siti di nicchia sta nel sapere quali sono i bisogni di una determinata platea e soddisfarli.

La giusta parola chiave potrà indirizzarti verso una nicchia in cui avrai una forte richiesta e una scarsa concorrenza, condizione ideale per rendere il tuo sito fruttuoso.

Per la ricerca delle parole chiave ci sono diversi strumenti, molti dei quali gratuiti, cosa che ti permette di avere un primo sguardo della situazione senza dover ricorrere a nessuna forma di investimento.

Fra i software gratuiti per la ricerca di parole chiave quelli con cui mi sono trovato meglio per completezza e precisione delle informazioni fornite sono Google trends e Google Keyword Planner, due strumenti gratuiti forniti da Google appunto, ottimi nella loro complementarità.

Cerchiamo di capire come impostare una ricerca funzionale con questi due strumenti per trovare la giusta parola chiave con cui indirizzare il nostro sito di nicchia.

Il mio consiglio è quello di partire, nella ricerca, da un argomento a noi abbastanza noto, che abbiamo nelle nostre corde, che ci piace e su cui siamo formati, per poi passare ad una verifica delle possibilità che la costruzione del nostro sito intorno all'argomento scelto possa generarsi un flusso di denaro costante.

La ricerca che comincerai dopo aver scelto la tua parola chiave o l'insieme delle tue parole chiave avrà una durata proporzionale all'impegno che metterai per capire la direzione da prendere e al numero materiale di parole chiave che andrai a cercare.

Ti consiglio di non fermarti a un solo argomento, ma di sceglierne due o più di due, possibilmente diversi fra di loro in quanto a contenuti, e di fare per tutti una ricerca dettagliata e approfondita, in modo da avere una panoramica reale della situazione.

Poniamo che tu sia un appassionato cinefilo e che fin da bambino amavi collezionare le locandine dei film che andavi a vedere; potresti trasformare questa tua passione in un modo per guadagnare soldi, creando un sito apposito per la vendita e l'acquisto di vecchie locandine.

Per capire se questo tuo hobby si possa trasformare in una fonte di reddito passivo il primo passo da fare è andare su Google trends cercando di capire quale sia la tendenza delle ricerche sull'argomento da te scelto.

Supponendo che il trend sia buono, il passo successivo sarà cercare di capire quali sono i luoghi in cui si effettuano le maggiori ricerche. È inutile creare un sito in italiano se la stragrande maggioranza delle ricerche provengono da paesi anglofoni!

Per avere una migliore panoramica delle potenzialità della nicchia da te scelta, inoltre, Google trends mette a tua disposizione lo strumento del confronto, io lo uso sempre, meglio perdere un po' di tempo in più ma essere sicuri di ciò che si sta facendo.

Dopo questa ricerca preliminare, se le indicazioni per il nostro business di locandine sono positive, passerai da Google trends a Google Keyword Planner.

Qui troverai l'utilissimo pulsante "ottieni idea"; grazie ad esso potrai ritrovare, all'interno della tua nicchia, le diverse sotto nicchie dell'argomento trattato, ordinate in numero decrescente di ricerche.

Potresti scoprire, ad esempio, che esiste un fiorente commercio di locandine d'epoca con tanti collezionisti e pochi concorrenti, iniziando così un business davvero fruttuoso. Questo se tu vorrai vendere prodotti fisici, con i costi di stoccaggio e spedizione che ne conseguono.

Esistono però, come abbiamo visto, anche altre modalità di guadagno, a mio parere più semplici, come l'uso dei banner pubblicitari sul tuo blog.

In questo caso, visto la tua passione per le locandine e capito che il trend si rivolge verso le locandine d'epoca, dovrai convogliare il maggior numero di collezionisti sul tuo sito attraverso la pubblicazione di contenuti inerenti all'argomento, scegliendo poi banner pubblicitari che ti permetteranno di guadagnare bei soldi parlando di ciò che ti piace.

In poche parole, se vorrai rendere davvero fruttuoso il tuo sito, dovrai essere capace di generare un traffico mirato. Riuscire ad intercettare persone interessate a ciò che scrivi, o meglio scrivere ciò che una determinata fascia di pubblico vuole leggere, ti permetterà di fare un passo avanti verso l'accrescimento del tuo capitale.

È un'equazione matematica; in qualsiasi modo tu voglia guadagnare col tuo sito, più visitatori genereranno sempre più soldi.

Dovrai essere una sorta di pifferaio magico, capace di attirare a te una sterminata folla di utenti.

Per far ciò dovrai far conoscere il tuo sito con la giusta promozione. Il mio consiglio è di partire da quelli che sono i punti di forza del tuo sito. Ma prima ancora, dovrai essere capace di riconoscere quali sono i veri punti di forza del tuo sito.

Per farlo di fondamentale aiuto sarà la capacità di saper leggere i dati corretti per osservare i punti in cui i progressi sono maggiori e procedere ad un'ottimizzazione del sito in tal senso.

In tal modo eviteremo passi falsi, affidandoci a dati reali piuttosto che al nostro intuito.

Lo strumento adatto per fare quest'operazione è, senza dubbio, Google Analytics.

Attenzione però a non farti spaventare dalla prima impressione: quando ho aperto per la prima volta questo programma mi sono sentito male per la mole i numeri che mi si è parata davanti; non sapevo che pesci prendere e, dopo pochi minuti, ho chiuso tutto, preso dallo sconforto.

Arrendersi e scappare è la scelta peggiore che si possa fare e, dopo il primo sconforto mi sono messo giù e ho cercato di capire quali, in quel mare magnum di dati, fossero quelli interessanti per chi come me possedesse un sito da far fruttare.

Dalla mia ricerca e dalla mia esperienza, ma anche dai miei errori ho tratto la conclusione che nell'analisi di Analytics bisogna cercare la semplicità.

L'obiettivo è creare contenuti che attirino clienti, non diventare esperti conoscitori di Analytics, a meno che tu non decida di incentrare i contenuti del tuo sito proprio su questa tematica. Detto questo, i "numeri", i fattori da tenere in considerazione sono quattro:

1. **Numero di utenti acquisiti**: siamo davanti alla fonte principale di comprensione sulla riuscita o meno del tuo sito; se questo dato rimane in stallo per parecchio tempo forse è il caso che tu cambi qualcosa nelle tue strategie.

2. **Canali di traffico:** questo dato ti darà un aiuto per capire la provenienza maggioritaria del tuo traffico clienti, dandoti l'indicazione della quantità di utenti organici, ovvero delle persone che sono arrivate a te spontaneamente, e di quelli giunti tramite le promozioni, rivelandoti anche se l'impostazione della tua campagna pubblicitaria è stata corretta.

3. **Frequenza di rimbalzo:** questo dato ti indica la percentuale di utenti che, dopo aver letto un tuo articolo, lasciano il sito. Una frequenza alta non è per forza di cose un dato negativo. Se il tuo scopo è, ad esempio, usare il sito come strumento per indirizzare gli utenti verso altre pagine che ti pagheranno per il tuo fare da "tramite, allora la tua alta percentuale sarà un ottimo segnale che stai procedendo nella direzione giusta.

4. **Tempo medio su una pagina:** Piu alto sarà questo dato maggiore sarà l'interesse suscitato da ciò che hai pubblicato, un ottimo strumento per capire quale direzione devi dare al tuo sito.

Questi sono i dati principali da tenere d'occhio per capire se il tuo sito sta riscuotendo il successo sperato ma perché ciò avvenga, non dovrai solo limitarti a pubblicare contenuti sulla pagina da te creata; l'aumento organico della tua struttura potrà essere potenziato da una serie di mosse che ti consiglio di fare se vorrai avere una monetizzazione concreta dei tuoi sforzi.

Il primo di questi consiste nello scrivere articoli, sempre inerenti alla tematica che hai scelto di trattare, su blog o su altri siti, possibilmente di una certa importanza, con un traffico di utenti reale e con una buona esposizione sui principali social network; in tal modo potrai far apprezzare il tuo stile e i tuoi contenuti presentandoti all'interno di un canale già consolidato e che, di conseguenza, l'utente finale ritiene maggiormente affidabile.

È chiaro che la pubblicità è l'anima del commercio, ed anche per i siti di nicchia vale questa massima: sfrutta gli infiniti strumenti pubblicitari che il web ti fornisce. In particolare, ti consiglio di investire in annunci sui social media: un annuncio Facebook risulta un ottimo strumento, sia per i costi non troppo elevati, sia per la capacità di raggiungere un target visitatore ben delineato.

Affinché l'annuncio sia efficace dovrai avere un'idea molto dettagliata del tuo target, per evitare di sprecare denaro inutilmente.

Sempre in ambito pubblicitario ti potrebbe essere utile promuovere il tuo sito presso altre pagine o blog che, per guadagnare, pubblicizzano contenuti altrui.

Altro consiglio importante, cerca di fare rete con altri blogger o creatori di siti, al di là della sana concorrenza, infatti, questo ti permetterà di crescere a livello professionale, di avere nuovi spunti di lavoro, ma anche di stringere profittevoli alleanze.

Anche lasciare commenti, evitando di spammare, sui blog e sui siti altrui, cercando di creare discussioni costruttive potrebbe essere un buon modo di farti conoscere ed apprezzare, così come entrare nei forum che trattano argomenti inerenti al tuo sito.

In questi cerca di essere utile agli altri, di dare consigli, di accattivarti la benevolenza di quello che potrebbe diventare il tuo futuro pubblico.

Lo stesso discorso vale per quella sorta di grande forum che è la Community Google+. Altra freccia, anche abbastanza tradizionale e conosciuta, che hai nella tua faretra della promozione è sicuramente la possibilità di fornire strumenti gratuiti ed omaggi.

Tutti amano ricevere un omaggio, è risaputo. Naturalmente ciò che offri in omaggio non deve essere la prima cosa che ti viene in mente: dovrà essere qualcosa di utile e al contempo strettamente correlato all'argomento della tua nicchia.

In cambio del tuo omaggio potresti poi chiedere la condivisione della tua pagina sui principali social media, ottenendo così un'ottima pubblicità gratuita.

Infine, un ultimo consiglio: usa al meglio che puoi Twitter.

Questo social si è rivelato un formidabile strumento di raccolta utenza. Cerca di essere iperattivo, di twittare più volte al giorno, cercando sempre di dare contenuti di qualità e di rispondere tempestivamente ai tweet altrui. In tal modo riuscirai a costruirti un seguito che potrai successivamente trasferire sul tuo sito.

Siamo dunque giunti alla fine di questo capitolo, adesso hai gli strumenti necessari per costruire il tuo piccolo sito, per localizzare la nicchia più consona a te e cominciare a monetizzare, so che ce la puoi fare, basta volerlo!

Marketing di affiliazione

Penso che ormai ti sia chiaro che per fare soldi on line le possibilità sono davvero tante, basta avere buona volontà e seguire le indicazioni sulle abitudini giuste che ti ho dato all'inizio di questo libro e il successo ti sorriderà.

Ora affronteremo un nuovo argomento, anch'esso fruttuoso come i precedenti.

Sto parlando del marketing di affiliazione o meglio, visto che siamo in un mondo a forte trazione anglofona, affiliate marketing.

Avrai sicuramente letto questi due termini, ma nello specifico quando si parla di marketing di affiliazione a cosa si fa riferimento? Di cosa stiamo parlando?

Partiamo dalle basi: il marketing di affiliazione si configura come una forma di accordo commerciale tra due o, in alcuni casi, tre soggetti distinti.

Il primo soggetto viene nominato Advertiser, e, in pratica si tratta di un'azienda che fornisce beni e servizi; il secondo invece viene definito affiliato, ovvero colui che è incaricato dal primo soggetto, l'azienda, alla vendita on line del prodotto; in alcuni casi poi, ma non sempre, c'è anche un terzo soggetto, questa volta virtuale, ovvero un Network di affiliazione.

Quest'ultimo soggetto ha la funzione di mediare tra advertiser ed affiliato, orchestrando le transazioni di denaro e facendo da garante per entrambe le parti in gioco.

In alcuni casi, advertiser molto importanti come, ad esempio, Amazon, hanno un network proprio capace di controllare e gestire in maniera ottimale i rapporti con i propri affiliati.

Questo business, che può rivelarsi estremamente redditizio, viene definito anche "programma partner", o "performance marketing", ma la terminologia principale, anche qui in Italia è marketing di affiliazione, soprattutto per la radice etimologica di quest'ultima parola, che racchiude in sé l'essenza di questo nuovo modo di far soldi che ti sto mostrando.

Affiliazione deriva infatti da "ad-filio", letteralmente "diventare figlio, adottare", e, in effetti, il marketing di affiliazione riprende un po', in chiave moderna, l'abitudine degli antichi notabili romani di adottare i giovani più promettenti per accrescere il prestigio della propria gens e per avere, al bisogno, preziosi alleati.

Anche nel marketing di affiliazione, infatti, l'advertiser, "adotta", l'affiliato, facendolo rientrare nella propria cerchia e permettendogli di guadagnare con i propri prodotti.

Adesso che abbiamo chiaro il concetto di marketing di affiliazione, cerchiamo di capire come funziona, senza mai dimenticare che, in questo rapporto "filiale", gioca spesso un ruolo di primo piano, con la sua mediazione tecnica ed economica, il network di affiliazione.

Detto questo, partiamo da una prima assoluta verità, che dovrai accettare: l'affiliato guadagna solo se a profittare è l'advertiser, proprio come in una famiglia, dove gli introiti di una delle parti vengono distribuiti, in maniera diretta o indiretta, a tutti gli altri componenti del nucleo.

Entrando un po' più nel tecnico, l'affiliato riesce a generare introiti solo se crea una conversione tramite la pubblicità o generando affiliazione; viene dunque pagato in base alla sua performance o, visto che la terminologia giusta è importante, CPA (cost per action).

Se, dunque, sei ancora alla ricerca dello stipendio fisso, lascia perdere, non sei nel posto giusto, come ti ho già detto, anche nell'affiliate marketing i guadagni possono essere succulenti, ma bisogna darsi da fare, perché i soldi non cammineranno mai da soli verso di te, sarai tu a doverli attirare.

L'affiliato si presenta come un agente di commercio 2.0, che anziché andare a bussare alla porta del commerciante ha a disposizione un mercato sterminato, potenzialmente mondiale, come l'internet, e deve essere bravo a sfruttarlo al meglio creando blog, siti web, gruppi dedicati su Facebook, mailing list, ma anche sfruttando potenti canali di aggregazioni d'utenza come Twitter o YouTube, il tutto col solo fine ultimo di promuovere il proprio advertiser e, di conseguenza, generare vendite.

Un enorme vantaggio dell'essere affiliato è che questo non comporta l'instaurarsi di un rapporto di esclusiva con l'advertiser ma, anzi, l'affiliato può promuovere contemporaneamente più prodotti, anche di categorie merceologiche affini.

Insomma, la pagnotta non ce l'hai assicurata, ma potrai riempire la tua bancarella all'infinito e trovarti, a fine giornata, con le tasche piene.

Per fare un esempio, mia moglie è affiliata con due famosissimi advertiser che si occupano di cosmetica e con entrambi è diventata team leader, generando un reddito semi passivo rispettabile.

Proprio perché non mi piace buttarti fumo negli occhi, voglio essere chiaro con te: il ruolo di affiliato ha dei vantaggi che degli svantaggi.

Nei primi rientra la libertà di movimento di cui si gode, fattore che ha molteplici ripercussioni: la prima di cui abbiamo già parlato, è la possibilità di avere fonti di guadagno diversificate, ma non si tratta solo di questo; l'affiliato è completamente slegato dall'ufficio marketing dell'advertiser, per cui, se decidi di intraprendere questa strada, sarai tu a decidere le strategie di marketing più adatte a vendere, cucendole addosso alla tua personalità.

Infine, e questo è il vantaggio più grosso, nel momento in cui ti accorgi che il prodotto dell'advertiser da te scelto non ha mercato, che le vendite sono troppo basse rispetto al lavoro svolto, sei libero di lasciare e passare ad altro immediatamente, senza perdere tempo e, di conseguenza, denaro.

Lo svantaggio, soprattutto per i principianti come te, consiste nel creare confusione.

Mi spiego meglio: potrebbe capitare che, soprattutto agli inizi, tu ti faccia prendere dall'entusiasmo, affiliandoti con diversi advertiser, tanti, troppi.

Non farlo, faresti solo, appunto, una gran confusione, senza riuscire a concludere nulla. Il mio consiglio è quello di procedere in maniera graduale, partendo con uno, massimo due affiliazioni, e solo quando queste sono davvero ben avviate passare ad altro.

Adesso che abbiamo capito bene qual è il tuo ruolo vediamo però di capire al meglio chi è il nostro "padre adottivo", o meglio l'advertiser.

Come dicevo all'inizio del capitolo parliamo di advertiser quando ci troviamo ad un'azienda che ha bisogno di vendere.

Ma la cosa non è così semplice; per essere più dettagliati un'azienda advertiser ha bisogno di far conoscere il proprio marchio, ampliare il numero di persone che conoscono i suoi prodotti per trasformarli in clienti e solo alla fine vendere.

Queste tre azioni vengono gergalmente definite come conversioni.

La vendita è una conversione diretta, la conoscenza del marchio, detta anche "branding", è l'ampliamento della platea degli utenti o "lead generation" sono entrambe conversioni indirette, sempre, ovviamente, finalizzate alla vendita.

All'advertiser spetta poi il compito di dettare le regole del gioco, ovvero di creare delle offerte, generare dei codici di tracciamento per capire da quale affiliato è stata generata la conversione e, stabilire le regole promozionali e la commissione da riconoscere ai propri affiliati.

Il piano commissionale, il famoso Pay o CPA determina l'entità del tuo guadagno, indicando la somma di denaro che ti verrà corrisposta per ogni azione.

Le azioni che possono generare le commissioni sono diverse, a seconda di ciò che l'azienda richiede ai suoi affiliati.

Potrai guadagnare infatti procurando contatti all'advertiser (Lead), facendo vendita diretta del prodotto (Sale), generando visualizzazioni (Impression), invitando gli utenti a cliccare determinati link legati all'advertiser (Pay per Click).

Come ormai ti sarà chiaro al realizzarsi di ogni azione richiesta dall'advertiser ti verrà riconosciuta una commissione.

Questo significa che se sarai bravo, e costante, riuscirai a portare a termine decine di migliaia di azioni, generando ricavi di tutto interesse.

Insomma, con l'affiliate marketing puoi guadagnare tantissimo perché hai davanti a te una platea sterminata di utenti e una altrettanto numerosa di aziende pronte a collaborare con te, pronte a riempire il tuo conto in banca a patto che tu, però, lavori con criterio.

Lavorare con criterio vuol dire percepire questo lavoro come un lavoro vero e proprio, studiando, impegnandoti e investendo in quelle che sono le tue carenze.

Se farai ciò, e sarai davvero bravo potresti anche superare il milione di euro di ricavi annui.

Per raggiungere questo obiettivo dovrai strutturati come una vera e propria azienda, magari affiliando a tua volta, per aumentare le tue possibilità di crescita; dovrai collaborare con molte aziende contemporaneamente, anche perché molte di queste impostano un tetto massimo di guadagno, corrispondente al budget stabilito per aumentare le conversioni, dovrai, avere molto fiuto, riuscendo a capire al volo le tendenze del momento, buttandoti nei campi più fruttuosi.

Dovrai fare tutto questo, ma non solo.

Per far soldi e questa è una massima valida in ogni campo della vita, bisogna lavorare bene.

Nello specifico avrai bisogno di skills specifiche, che ti consiglio di acquisire preventivamente se non vuoi far finire sul nascere la tua avventura.

All'inizio per poter risparmiare qualcosa, è consigliabile acquisire conoscenze dell'HTML e anche di altri linguaggi di programmazione come Java Script e PHP, in modo che ti possa costruire i tuoi siti da solo. Successivamente, quando i soldi non saranno più un problema ti potrai affidare a dei professionisti che potranno realizzare siti di qualità superiore.

Bisogna inoltre scrivere contenuti davvero interessanti e che siano in grado di dirigere i tuoi clienti nella direzione che vuoi;: un'ottima conoscenza del copywriting è un requisito essenziale per avere successo.

Oltre a questo, sarebbe utile un'ottima dimestichezza con i numeri e con la lingua inglese.

Queste sono le basi da cui partire.

Vediamo ora quali direzioni prendere per avere successo in questo campo.

Innanzitutto, crea un blog o un sito web nel quale dovrai cominciare a pubblicare contenuti che mostrino come tu abbia una perfetta conoscenza della categoria per la quale ti sei affiliato.

Per evitare di procedere a casaccio crea un tuo piano editoriale e un programma di contenuti. Cerca di creare anche una cerchia di utenti, una community di persone interessate a ciò che tu proponi.

Ricorda che sei libero e che dunque potrai strutturare al meglio il tuo sito, secondo il tuo gusto e piegandolo alle tue esigenze.

Cerca poi di partire, come sempre, da un campo in cui ti senti davvero forte e preparato, è inutile trattare di motociclette se non ne hai mai guidata una.

Molto importante poi è inserire Google Adsense nel tuo sito/blog, per studiare le reazioni degli utenti alla pubblicità.

L'uso di Adsense potrebbe anche essere poi un elemento a tuo vantaggio nel proporti a nuovi advertiser.

Cerca poi di entrare a far parte dei principali network, mostrando i volumi di traffico dei tuoi utenti ma soprattutto mostrandoti volenteroso e pronto per cominciare.

Questo non vuol dire che tu debba iscriverti in maniera indiscriminata ad ogni network che ti capiti a tiro.

Cerca sempre di entrare in programmi di vendita nelle tue corde, o comunque vicini alla categoria merceologica da te trattata.

Nel momento in cui ti decidi per un'affiliazione fai molta attenzione ai termini e alle condizioni del tuo accordo per essere sicuro di ciò che guadagnerai e per evitarti cancellazioni apparentemente inspiegabili.

Ovviamente da affiliato dovrai essere costante nella pubblicazione di contenuti sempre interessanti, cercando di inserire, in maniera più organica possibile, i link dei prodotti per cui ti sei affiliato, perché ricorda che il tuo fine ultimo è guadagnare.

Segui questi consigli e anche il marketing di affiliazione potrà essere, per te, fonte di indiscutibili guadagni.

E-mail marketing

Vediamo adesso un modo che oserei definire "classico" di fare soldi, anche se il termine classico non si lega molto all'on line business, data la sua tenera età.

Come avrai potuto dedurre dalla sua stessa denominazione l'e-mail marketing è una forma di pubblicità diretta, che si esplica attraverso l'uso della posta elettronica che diventa, in questo caso, veicolo del messaggio promozionale.

Anche se, paradossalmente, qualsiasi mail inviata da un'azienda può essere interpretata come una forma di e-mail marketing, questa definizione è legata in modo particolare a determinati significati:

- Il tentativo, da parte dell'azienda mittente, di creare un rapporto più approfondito con il destinatario della mail stessa, in caso di cliente abituale, o, in caso contrario, di fidelizzarne di nuovi.
- L'invito, sia a clienti vecchi che a nuovi arrivi, ad acquistare un determinato prodotto.
- L'uso di elementi pubblicitari di nuovi prodotti all'interno delle

comunicazioni inviate ai clienti.

L'e-mail marketing è un approccio pubblicitario usato su scala mondiale, negli Stati Uniti come in Europa, dalle multinazionali come dalle organizzazioni no profit.

Esso si configura anche come la forma di marketing con il ROI maggiormente elevato, tanto da essere la fonte di spesa principale nelle strategie di marketing delle imprese, le quali si sono rese conto di essere di fronte alla strategia maggiormente fruttuosa.

È un'arma di acquisizione clienti da non sottovalutare poiché tra le sue prerogative vi è la connotazione di universalità.

Mi spiego meglio: mentre tutti gli altri strumenti di marketing hanno un raggio d'azione all'interno del quale hanno una loro determinata efficacia, l'e-mail marketing si configura come l'eccezione che conferma la regola, presentandosi come uno strumento perfetto per qualsiasi forma di business tu conduca.

L'e-mail è un mezzo che è entrato a far parte della vita quotidiana di ognuno di noi.

D'altro canto, in qualunque luogo tu vada, dal parrucchiere al gioielliere, è prassi comune chiedere la mail. Questo perché tramite mail si crea un contatto diretto, oserei dire intimo, con il cliente, impensabile con gli altri strumenti di marketing messi a disposizione dal web.

Grazie ad esso riuscirai ad entrare nella vita dei tuoi clienti, creando un dialogo diretto, anche se figurativo, con ciascuno di loro.

Se saprai usarlo nella maniera giusta, qualsiasi attività tu svolga, ti permetterà di raggiungere obiettivi straordinari.

Per una buona strategia di mail-marketing bisogna però capire quali sono gli obiettivi che una campagna di questo tipo di business dovrebbe porsi.

Se vorrai fare dei soldi il tuo obiettivo primario sarà vendere, qualsiasi cosa tu voglia vendere, prodotti o servizi, e, possibilmente ampliare quanto più possibile la tua cerchia di clienti.

Sembra facile, ma non lo è, soprattutto perché, di frequente, incontriamo il potenziale cliente in un momento in cui egli, per motivi economici, personali, aziendali, insomma per un'infinità di fattori, non è nella condizione di fare l'acquisto.

Questo nonostante tu piaccia al cliente, gli piaccia il prodotto che offri come lo offri, insomma vorrebbe comprarlo ma davvero non può.

Così magari passa del tempo, il rapporto che avevi costruito si perde e quello stesso cliente, quando sarà pronto, acquisterà dal primo che incontrerà lungo la sua strada, magari un tuo concorrente che avrà avuto la fortuna di essersi proposto al momento giusto.

L'e-mail marketing pone rimedio a questo processo, creando un rapporto diretto con l'acquirente e mantenendo vivo questo rapporto fino a quando costui non sarà pronto per procedere all'acquisto.

Il grande vantaggio di questa metodologia sta nella costanza che si può tenere nel rapporto, senza però cadere nell'invadenza, ma anzi mantenendo grazie al mezzo multimediale, una discreta distanza dal cliente stesso, che in tal modo non vedrà invaso il suo spazio personale come accede, ad esempio, con i call center.

Quando incontri un potenziale cliente, dunque, non forzare

subito la mano verso la vendita, cosa che si potrebbe rivelare, nella maggior parte dei casi, controproducente, piuttosto chiedigli la mail e chiedi il permesso di iscriverlo alla tua newsletter in cambio, magari, di piccoli sconti sui futuri acquisti; il tal modo avrai creato un rapporto diretto che potrai curare con poco sforzo e che, in cambio, ti farà trovare pronto quando il cliente vorrà acquistare.

Ovviamente questo risultato così favoloso si ottiene solo lavorando in un certo modo e, ovviamente, adesso procederò a spiegarti cosa fare.

Per prima cosa, evita di bombardare le mail dei tuoi clienti con continue offerte di super mega sconti che danno l'angosciante impressione che tu voglia costringerli a tutti i costi a comprare.

Scrivere una newsletter capace di invogliare realmente chi legge ad acquistare, significa creare una strategia ragionata, in cui le mail contengano contenuti di un certo spessore, che invoglino il destinatario alla lettura, lo coinvolgano in maniera attiva.

Da evitare quindi continue mail con codici sconto, presentazione e descrizione dei tuoi prodotti.

Piuttosto, come per i siti web e i blog, prova a dare una soluzione ai problemi e ai bisogni dei tuoi clienti.

Dai consigli pratici, reali e funzionali per aiutarli, ad esempio, a capire quali sono i parametri da prendere in considerazione nella scelta di un determinato prodotto.

Insomma, mostrati interessato al tuo potenziale cliente, coccolalo un po', cerca di mostrarti dalla sua parte e, senza ombra di dubbio, riuscirai a conquistarlo.

Riuscirai, infatti, a creare un rapporto di fiducia con i tuoi destinatari, che apprezzeranno i tuoi consigli, non si sentiranno forzati all'acquisto e, proprio per questo, si affideranno a te quando saranno pronti ad acquistare.

Per fare una buona campagna di mail marketing bisogna, disporre di uno strumento fondamentale: un software per l'invio di mail professionale.

Consiglio di evitare i software gratuiti poiché ci faranno apparire poco professionali.

La spesa per un software adatto è davvero bassa, ed in compenso avremo un servizio di mail che impedirà che le nostre newsletter finiscano costantemente nella spam, o addirittura ci procurino una segnalazione come spammer, provocando il blocco della nostra casella di posta elettronica.

Insomma, e-mail marketing si configura come un elemento irrinunciabile per chi come te, vuole far soldi veri e per farlo vuole sfruttare tutte le risorse che il web offre.

Irrinunciabile, appunto, ma non unico.

Una strategia commerciale vincente non può basarsi unicamente su questo ma deve interpretare l'email marketing come la punta di diamante di un movimento più ampio in cui entri a far parte anche, ad esempio, un sito web sempre aggiornato (vedi capitolo precedente), ben tenuto e ricco di contenuti interessanti e originali, in modo che il potenziale cliente, vedendo questa cura globale della tua immagine sarà definitivamente conquistato e non esiterà a comprare da te.

Udemy

Anche la formazione e la crescita professionale sono campi dove, con un buon piano strategico si possono ottenere ottimi guadagni.

Con la pandemia, poi, i margini si sono accresciuti enormemente per cui ti consiglio vivamente di inserirti in quest'ambito davvero tanto richiesto sia per la situazione contingente, sia per la direzione presa dal mercato del lavoro, che richiede una sempre maggiore e continua specializzazione e, di conseguenza, un costante aumento della domanda di formatori.

La richiesta di corsi e, di conseguenza di specialisti ed insegnanti ha raggiunto, negli ultimi tempi, aumenti esponenziali, generando la possibilità di guadagni elevati per chi decida di mettersi in gioco in tal senso.

Sono nate diverse piattaforme di e-learning, dove trovare i corsi più disparati. Tra tutte queste, la più famosa è, senza ombra di dubbio, Udemy.

Su Udemy si possono creare corsi su numerose categorie, le principali sono: Sviluppo, Business, IT e Software, Sviluppo personale, Design, Marketing, Produttività in ufficio, Musica, Salute e Fitness.

Il processo che dovrai seguire per proporre i tuoi corsi è molto semplice: basterà registrarti come insegnante e poi seguire la registrazione guidata, passo dopo passo, che la piattaforma propone. Per cominciare a guadagnare bisogna ottenere, con l'autorizzazione di Udemy, il grado di insegnanti Premium.

La piattaforma lascia libertà di scelta del prezzo da chiedere: una strategia corretta è quella di livellarli ai prezzi della concorrenza offrendo un prodotto più completo.

La percentuale (fee), che la piattaforma trattiene all'insegnante sul pagamento del corso venduto è variabile: molto bassa, circa il tre % se l'acquirente acquista tramite un coupon creato dall'insegnante, mentre è del cinquanta per cento in caso di visitatore organico Udemy e del settantacinque per cento se l'acquirente è arrivato a te tramite affiliazione.

Siamo, anche in questo caso, di fronte ad una sfida.

Se riusciamo a produrre un corso di qualità e nel contempo affianchiamo una strategia di vendita adeguato (vedi i capitoli precedenti) potremmo andare a realizzare cifre da capogiro. Ci sono testimonianze di insegnanti americani che sono riusciti a realizzare circa seicentomila dollari annui per corso erogato.

Affinché anche tu possa ambire a queste cifre astronomiche dovrai procedere con alcuni accorgimenti.

Innanzitutto, cerca di proporre corsi in lingua inglese oltre che in italiano. Il bacino degli utenti che parlano la lingua inglese è di gran lungo superiore: questo ti porterà ad un aumento esponenziale dei tuoi potenziali clienti.

Se hai un'ottima conoscenza della lingua inglese sei enormemente avvantaggiato, altrimenti non è mai troppo tardi per imparare.

Anche in questo caso, prima di avviare e proporre un corso è strategicamente corretto fare un'indagine di mercato per andare a colmare le nicchie di mercato dove la domanda supera l'offerta.

Il corso dalle uova d'oro è quello che va a soddisfare esigenze specifiche di una determinata clientela che non riesce a trovare corsi formativi di pari livello a quello che proponi tu.

La specializzazione, la ricerca della nicchia è alla base del successo.

Cerca inoltre di creare una comunità di persone che ti seguono ed apprezzano proprio per le tue specifiche competenze in determinati campi: saranno il volano trainante per la diffusione del tuo corso.

Altro aspetto fondamentale per il successo su Udemy sarà la qualità dei feedback che ti saranno lasciati da coloro che hanno frequentato il tuo corso.

Sono questi, infatti, il riferimento principale cui si rivolgono tutti i potenziali acquirenti per avere un'idea del corso che andranno ad acquistare.

Nel giudizio espresso avranno una parte fondamentale i

contenuti che sarai riuscito a comunicare, ma anche la qualità audio e video della tua registrazione.

Dovrai cercare di fornire un prodotto quanto più professionale possibile, con immagini nitide e un audio altrettanto chiaro e privo di qualsiasi rumore di sottofondo.

Infine, anche se sembra scontato, il consiglio che ti posso dare è quello di impegnarti per dare sempre competenze in quello che insegni e superare nei contenuti le informazioni che propongono i tuoi competitor.

Dovrai essere preparato sull'argomento che esponi ed avere anche una buona infarinatura degli argomenti correlati.

Chi acquista il tuo corso lo fa per imparare e se non sarai in grado di farlo ben presto sarai sommerso da feedback negativi e costretto a chiudere.

Fiverr

Analizzeremo adesso un altro portale dove poter guadagnare sfruttando le proprie abilità e le proprie attitudini. Sto parlando di Fiverr che si presenta come il luogo virtuale ideale per raggiungere in breve tempo l'indipendenza economica puntando unicamente sulle proprie attitudini e competenze, il tutto senza dover avere un luogo fisico in cui lavorare, dei turni, degli orari, ma solo le scadenze che, insieme all'acquirente del tuo prodotto, di volta in volta stabilirai.

Per esperienza personale devo dirti che, se hai delle ottime referenze e sei capace a "vendere" le tue abilità, potresti guadagnare diverse centinaia e, in alcuni casi migliaia di euro mensilmente.

Partiamo dal capire cos'è Fiverr: in poche parole si tratta di un enorme marketplace di individui, definiti come freelancers, che offrono i loro servizi, mettono a disposizione le loro abilità, in cambio della corrispondenza di una somma di denaro stabilita in precedenza.

La piattaforma vede la luce nel 2010 e nasce direttamente con questa vocazione, ossia fare da tramite tra la domanda, rappresentata da tutti gli utenti che hanno bisogno di determinati servizi, e l'offerta, rappresentata invece da quei freelancers professionisti che sono in grado di esaudire suddetta domanda.

Negli anni la piattaforma è cresciuta enormemente fino ad arrivare a diversi milioni di iscritti, sintomo di ottima salute della piattaforma stessa. I progetti di cui i freelancers si fanno carico vengono denominati "gig" e il loro costo parte, appunto, dai cinque dollari in su, ed è proprio questa tariffa base a dare il nome al sito.

In Fiverr non esiste una regolamentazione dei compensi, nel senso che ognuno, per un determinato progetto, è libero di chiedere il compenso che vuole. Ovviamente per poter lavorare, soprattutto agli inizi, bisognerà che tu ti basi un po' sulla concorrenza, mettendo dei prezzi un po' più bassi, in modo che tu possa farti conoscere e poi gradualmente, con il crescere delle recensioni positive, accrescere anche la tua tariffa. Su Fiverr è possibile trovare davvero professionisti di ogni campo; le sezioni più gettonate sono comunque quelle di grafica e marketing digitale, quelle concernenti la scrittura e le traduzioni, sezione fondamentale per la scrittura di ebook, animazioni e produzione video, linguaggi di programmazione web ed infine musica e servizi audio. Se sei preparato in questi come altri campi puoi proporti come freelancer su Fiverr cominciando a guadagnare da subito con i lavori che ti verranno commissionati dai clienti, definiti sulla piattaforma buyers. Io ho fatto i miei primi passi sulla piattaforma proponendomi in diversi servizi di scrittura. Grazie alle mie tariffe economiche e, senza falsa modestia, alla mia preparazione nel campo, in poco tempo sono stato letteralmente invaso dalle richieste di collaborazione riuscendo anche ad aumentare le mie tariffe e a raggiungere un guadagno più che dignitoso che mi ha permesso, in un secondo momento, di investire in attività capaci di generare redditi maggiormente passivi, ovvero con un minor dispendio di energie mentali da parte mia. Se anche tu sei specializzato in un determinato ambito, proporti come freelancer si fiverr potrebbe essere il primo passo verso la tua totale indipendenza oltre che verso la tua crescita personale. Lavorare sulla piattaforma è estremamente semplice: se hai un'abilità nel creare un determinato valore, ti proporrai come freelancer dando vita ad un tuo profilo personale in cui mostrerai le tue tariffe e le tue abilità. Al contrario, se ti trovi dall'altra parte, ovvero se sei alla ricerca di professionisti specializzati in un determinato settore, allora sarai un compratore, o buyer, e aprirai il tuo profilo in quanto tale per cercare il freelancer ideale per il progetto che hai in mente. Il contatto domanda offerta avviene tramite la messaggistica interna al marketplace; grazie ad essa il cliente ed il venditore si accordano sulla modalità e sui tempi di consegna del progetto e, ovviamente, sul costo. Ti consiglio, non solo per guadagnare qualcosina, ma anche per farti le ossa, imparando a conoscere le dinamiche del web, di partire con la tua scala verso il successo proprio da fiverr.

Iniziare è molto semplice: la prima azione che dovrai compiere sarà quella appunto di registrarti al sito creando un tuo profilo venditore. Come per ogni registrazione, una volta inseriti i dati riceverai una mail di verifica che ti permetterà di validare la registrazione. Una volta verificato l'account non dovrai far altro che cominciare a lavorare, procacciandoti dei clienti grazie alle tue abilità. Così come quando ci presentiamo fisicamente ad un colloquio di lavoro la cura che abbiamo di noi, del nostro modo di vestire è un elemento fondamentale per la buona riuscita della nostra impresa, così anche su fiverr il tuo profilo sarà il tuo abito, il tuo biglietto di presentazione; grazie ad esso i potenziali clienti potranno conoscerti, quindi cerca di essere il più dettagliato possibile, in modo che chi visita la tua pagina possa avere una chiara idea di chi sta per contattare e, soprattutto, che questa idea sia positiva. Il passo successivo alla nascita del profilo è la creazione delle cosiddette "gigs", ovvero dei progetti e dei servizi che intendi offrire. La gig ha, di solito, un'architettura ben definita, ovvero un titolo, una presentazione dettagliata delle informazioni riguardo il servizio svolto e un altrettanto dettagliato elenco di tutto quello che hai intenzione di offrire per quello specifico progetto.

Naturalmente i primi tempi non ti conoscerà nessuno, il che implica da parte tua, almeno all'inizio, il cercare potenziali clienti andando a spulciare fra le richieste da essi presentati, in cui sono gli stessi clienti a spiegare dettagliatamente il servizio ricercato, i tempi di consegna per il lavoro e la quantità di denaro che sono intenzionati a spendere. Fra le tante dovrai essere bravo a vagliare quelle più adatte a te e a proporti per le stesse. Ricorda poi che fiverr ha un grande vantaggio, rispetto a marketplace simili: è completamente gratuito, iscriverti e trovare clienti non ti costa assolutamente nulla.

Il pagamento alla piattaforma avverrà solo nel momento in cui ci sarà il pagamento del cliente nei confronti del venditore. In quel caso il cliente dovrà versare una tariffa di due dollari se la commissione pagata è sotto i quaranta, del cinque per cento se la stessa commissione supera i quaranta dollari. Al venditore verrà applicata, invece, una trattenuta pari al venti per cento del valore della commissione pagata.

Come detto su fiverr si può trovare qualsiasi forma di servizio, è indubitabile, però, che ci siano alcune, fra le più di duecento categorie e sottocategorie presenti, che lavorano più di altre.

Fra tutte ho deciso di creare la mia top ten di servizi che, per numero di richieste e quantità di emolumenti, sono maggiormente profittevoli:

Creazione di siti web

È la categoria più richiesta, nella quale le commissioni partono da un minimo di cento dollari, per semplici lavori di manutenzione dei siti, fino ad arrivare a duemila dollari, per le pagine più complesse e per i pacchetti completi che prevedono la costruzione di un sito in ogni suo aspetto. Se ti specializzi in questo settore clienti e soldi non mancheranno mai.

Progetti grafici

Anche in questo caso parliamo di un campo in cui la richiesta è davvero fortissima e i guadagni, seppur non elevati come per la progettazione dei siti web, sono comunque buoni, attestandosi intorno ai mille dollari a progetto. Se sei specializzato in quest'ambito il lavoro non ti mancherà mai.

Scrittura

Siamo in un campo davvero fruttuoso, soprattutto se sai parlare e scrivere correntemente l'inglese. Ci sono tantissimi publishers, termine che analizzeremo meglio nel capitolo dedicato alla pubblicazione di e-book su Amazon, pronti a pagarti anche molto bene se sarai in grado di produrre contenuti di qualità. Se la scrittura è il tuo campo potrai importi come ghostwriter, ovvero scrivere libri per terzi come nel caso appena succitato, ma anche come copywriter, andando a pubblicare testi in ottica SEO per coloro che te li chiederanno. Se sarai capace di crearti una buona cerchia di clienti potrai arrivare a guadagnare cifre davvero importanti, riuscendo a mettere da parte un bel gruzzoletto da investire magari in un secondo momento per diventare tu stesso un publisher.

Realizzazione contenuti video

Entriamo qui in un campo dove, se riuscirai a sviluppare

competenze molto elevate, potrai guadagnare cifre davvero importanti per ogni singolo progetto, vicine ai diecimila dollari. La richiesta di editor di contenuti video è, infatti, davvero elevata, mentre la presenza di competitor con competenze di un certo livello è scarsa. Questo ti permetterà di richiedere, fin da principio cifre davvero importanti anche per lavori relativamente semplici. Una veloce analisi dei trend di richiesta mostra come l'editing video sia il campo in cui le richieste sono cresciute in maniera più vorticosa negli ultimi tempi. Naturalmente il guadagno per singolo gig dipenderà anche dal tipo di contenuto che ti verrà richiesto, che potrà andare dalla promozione pubblicitaria classica fino alla creazione di veri e propri videocorsi on line.

Servizi di traduzione

Conosci più di una lingua? E allora ecco un'altra nicchia di Fiverr in cui potresti farti valere. I guadagni per singolo libro non sono elevatissimi ma anche qui c'è una forte domanda per cui, se conosci davvero bene la lingua in cui andare a tradurre, potrai realizzare molti progetti in un arco di tempo breve, massimizzando in tal modo i guadagni.

Social media manager

Saper gestire i propri profili social, soprattutto se inseriti in una precisa strategia di marketing, non è una cosa alla portata di tutti.

Occorre essere preparati e aggiornati su un mercato che subisce continue e tumultuose modifiche in tempi davvero brevi. Proprio per questo se saprai specializzarti in strategie di marketing per i social media il lavoro non ti mancherà mai e, inoltre, sarà anche ben pagato. Ti potrebbe essere richiesto di tutto, dalla pubblicazione di un singolo post, a collaborazioni occasionali fino alla completa gestione di un profilo social. Dovrai essere capace di creare contenuti interessanti, ottimizzare il posizionamento delle pagine da te gestite ma anche saper comunicare con i potenziali clienti.

Influencer Marketing

Se sei riuscito a crearti un'ottima reputazione social, riuscendo a crearti, grazie alla creazione di contenuti interessanti, un vero e proprio stuolo di follower sui diversi social, potresti usare questa tua fame per fare guadagni importanti.

Come? Vendendo spazi sulle tue pagine o creando appositi post pubblicitari. Ci sono tantissime aziende pronte a pagare profumatamente gli influencer per farli entrare nelle loro strategie di marketing. Ovviamente, maggiore sarà il numero di follower, maggiori saranno i compensi che potrai chiedere. Una buona idea sarebbe quella di crearsi un pubblico vasto in una nicchia specifica di mercato, questa tecnica ti procurerà ingaggi anche molto elevati da parte delle aziende che commercializzano prodotti inerenti alla nicchia da te trattata.

Doppiatori e speakers

Anche la tua voce può diventare fonte di discreti guadagni. Non siamo ai livelli di ingaggio di un influencer ma è anche vero che il lavoro richiesto è meno impegnativo. Potresti vendere la tua voce per la realizzazione di spot pubblicitari, come voce narrante in film d'animazione o ancora potresti immetterti nel mercato nascente e fiorente degli audiolibri. Anche in questo caso, maggiore sarà il numero di lingue che saprai parlare, maggiori saranno i tuoi guadagni.

Illustratore

Siamo in un campo un po' più di nicchia, ma se il disegno è la tua passione potresti prestare la tua arte, sempre in cambio di un compenso adeguato, per la creazione di illustrazioni per bambini, caricature e, perché no, fumetti.

Addetto all'inserimento dati o assistente virtuale

In questo caso non avrai bisogno di grande specializzazione, il lavoro è molto semplice. Nel pratico dovrai, nel primo caso, inserire dati in un database, nel secondo fornire assistenza virtuale ai clienti delle aziende, fornendo risposte precompilate dalle aziende stesse. Onestamente ritengo questa categoria abbastanza noiosa e non molto profittevole, ma potrebbe essere un buono strumento per imparare a comunicare al meglio con quelli che un giorno potrebbero essere i tuoi futuri clienti. Occorre anche dire che la richiesta di questo tipo di servizio è costante nel tempo, non subisce ribassi e, nella maggior parte dei casi, porta a collaborazioni durature.

Queste sono le nicchie principali e maggiormente redditizie di Fiverr, ma quella mostrata fino ad adesso è solo la punta dell'iceberg. Questa piattaforma si configura come un mondo, un ecosistema completo in cui, se saprai come fare, potrai guadagnare nei modi più disparati. Ovviamente il primo ostacolo verso il successo verrà dalla concorrenza: Fiverr è una piattaforma a risonanza internazionale, il che vuol dire che pullula letteralmente di freelancers come te, pronti a soffiarti i clienti. Ma, c'è un ma: se ti impegnerai, passando molto tempo sulla piattaforma, almeno i primi tempi, ma soprattutto se seguirai i consigli che ti elencherò di seguito, non potrai non avere successo.

Consigli pratici per sbaragliare la concorrenza

In questo capitolo ti voglio regalare qualche perla affinché tu possa iniziare il tuo business con il piede giusto.

Il primo passo sarà la **creazione del tuo profilo**. L'ho già detto ma preferisco ripeterlo, il tuo profilo è il modo in cui ti presenti ai tuoi potenziali clienti, il mezzo principale con cui loro possono trovarti e scoprire le tue capacità, le tue specializzazioni e i tuoi prezzi. Dovrai quindi avere una cura maniacale del tuo profilo, possibilmente arricchendolo con una tua presentazione video, che potrà fruttarti fino al doppio dei contatti.

Altro elemento importante è l'ottimizzazione in chiave SEO, ovvero l'ottimizzazione per i motori di ricerca. Il tuo profilo dovrà seguire propria quest'ottica per emergere, distinguendosi dalla massa di coloro che offrono i tuoi stessi servizi; un'eccellente ottimizzazione potrebbe addirittura fare di più, rendendoti visibile anche a clienti al di fuori della piattaforma.

La base della tua tattica di ottimizzazione dovrà partire dai titoli e dalle descrizioni delle gigs, che dovranno dare un quadro preciso, conciso e chiaro del servizio da te offerta.

Altrettanto importante, l'utilizzo delle parole chiave in tutto il tuo profilo in modo da essere facilmente trovato da coloro che cercano le prestazioni da te offerte, e un uso strategico delle immagini che dovranno accompagnare e riempire la pagina del profilo, dandole una spiccata vitalità.

Un altro consiglio: scarica **l'app di fiverr**. In tal modo potrai controllare le nuove offerte sempre, anche quando sei in giro.

Avere un buon rapporto con i clienti e mostrare celerità nelle risposte è un ottimo inizio per avere successo. Cerca poi di arricchire sempre la tua offerta con servizi aggiuntivi come la consegna rapida, o altre migliorie strettamente legate al campo da te trattato, in tal modo ti distinguerai ulteriormente e potrai anche guadagnare delle cifre extra. Se, ad esempio, offri servizi di scrittura, potresti anche completare l'offerta, con un piccolo sovrapprezzo, con la formattazione del testo commissionato.

Resta inteso che il successo sulla piattaforma è proporzionale allla professionalità dei servizi che offri: dovrai essere sempre impeccabile, proporre un servizio di prima qualità e mostrarti sempre disponibile verso i tuoi clienti.

Anche quando lavorerai su gigs da cinque dollari il tuo obiettivo dovrà essere la recensione a cinque stelle. Più recensioni in tal senso accumulerai, maggiore sarà la tua visibilità e la possibilità non solo di avere nuovi clienti ma anche di richiedere tariffe più vantaggiose per te.

La gentilezza e la professionalità dovranno essere le tue stelle polari; solo così potrai avere pieno successo e guadagnare bene. Il tuo obiettivo sarà quello di raggiungere il massimo livello come freelancer.

Al momento dell'iscrizione sarai inquadrato come "new seller"ovvero principiante. Solo facendoti le ossa e completando in maniera perfetta tutti i lavori che riuscirai ad accaparrarti, potrai diventare "top rated seller", una sorta di distintivo di qualità che potrai mostrare ai tuoi clienti e che ti permetterà anche l'accesso a vantaggi e promozioni speciali della piattaforma.

Pubblicare libri su KDP

Generare rendite passive seguendo i miei consigli si rivelerà un percorso semplice, ma se hai già un lavoro, una famiglia, degli impegni e una vita sociale, il principale ostacolo fra te è la creazione di questi redditi è il tempo disponibile.

Fare un videocorso su una materia in cui siamo iper-specializzati può essere un qualcosa di davvero fruttuoso, ma richiede tempo che il più delle volte non hai.

Il problema è sempre lo stesso, fin quando abbiamo la garanzia di uno stipendio, anche se non soddisfacente, non ce la sentiamo di mollare tutto per lanciarci nell'ignoto.

Tutto comprensibile, è ciò che pensavo anche io prima di rimanere senza lavoro.

Ma c'è una nicchia, un campo, che può darti enormi soddisfazioni senza rubarti troppo tempo: la pubblicazione di libri su

Amazon sia in formato cartaceo sia in formato elettronico.

L'importante è sapere come fare, quali canali utilizzare e come muoversi per ottenere grandi guadagni in poco tempo.

Andando ad approfondire nello specifico il tema del self publishing troverai in linea di massima due categorie:

- Appassionati di scrittura che si sono prodigati a scrivere il proprio manoscritto, profondendo notevoli sforzi e avendo avuto come unico riscontro solo una manciata di euro nella vendita del proprio libro
- Abili imprenditori che senza scrivere nemmeno una riga dei manoscritti da loro pubblicati hanno guadagnato cifre considerevoli.

La differenza sostanziale tra le due categorie è nell'approccio: i primi lo fanno per piacere fantasticando in ipotetici sogni di successo, i secondi invece adottano una strategia ben definita partendo dalla scelta chirurgica del tema da trattare affiancata da un'adeguata campagna di marketing.

Affinché tu possa far parte della seconda categoria, dovrai intraprendere una serie di azioni che ti porteranno ad automatizzare il processo di pubblicazione, pensando alla scrittura di un libro come una serie di azioni concatenate e azionate da una strategia volta alla monetizzazione del prodotto.

Il primo passo da intraprendere è quello di pianificare la scrittura del libro scegliendo un tema che potrebbe essere un trend del momento (vedi per esempio temi legati alle stagionalità o alle festività) o un tema di nicchia.

Come già accennato sopra il passo fondamentale è la scelta del tema da trattare o come spesso si usa dire in gergo la "keyword" corretta. Questo passaggio risulta fondamentale: per individuare se un tema è molto richiesto basta controllare le classifiche delle vendite e analizzare il BSR (best seller ranking) di Amazon.

I libri di maggiore successo hanno un BSR basso: per intenderci il libro con BSR dieci rappresenta il decimo libro più venduto su Amazon. Quindi una volta individuato il tema da affrontare, se sono presenti diversi libri che affrontano lo stesso tema ed hanno BSR molto basso, allora puoi stare certo che il tema è molto richiesto dal pubblico e quindi il libro ha grandi potenzialità di successo.

Una volta scelto il tema dovrai incaricare un ghostwriter di scrivere il tuo manuale. Questo passaggio è fondamentale: il ghostwriter deve mostrare con i fatti di sapere scrivere un libro.

Al fine di andare a catturare un pubblico più ampio e quindi aumentare in modo esponenziale i tuoi guadagni devi far tradurre i tuoi testi in lingua inglese, per poterli vendere sul mercato anglo - americano, e puntare anche i mercati europei (vedi Francia, Spagna e Germania) andando ad ingaggiare traduttori freelance su fiverr.

Una volta scelto il tema, commissionato il lavoro di scrittura ad un ghostwriter e di eventuale traduzione ad un traduttore, dovrai incaricare un grafico per la realizzazione di una cover professionale ed un copywriter per la descrizione del libro (tutti servizi presenti sulla piattaforma Fiverr).

Una volta realizzati i passaggi sopra devi procedere con la campagna di "lancio" del libro: è una fase molto delicata che ha lo scopo di far conoscere al pubblico il tuo manoscritto.

Nei giorni di lancio del libro devi optare per una prima fase di distribuzione gratuita del libro ed una successiva fase di vendita del manoscritto ad una cifra simbolica. La strategia è quella di diffondere a più utenti possibili il libro in modo da poter raccogliere un numero considerevole di recensioni positive che danno slancio alla vendita del libro. Una volta seguiti questi passaggi il tuo libro è pronto ad essere una potenziale fonte di rendita passiva per diverso tempo e molte volte per diversi anni.

Prima di chiudere questo capitolo, ti voglio fornire una serie di dritte che risulteranno determinanti per il successo del tuo libro:

- La qualità del tuo manoscritto che andrai a pubblicare deve essere eccelsa: la cura dei contenuti, le forme espressive, l'impaginazione ed ogni minimo dettaglio devono essere realizzate con la massima cura possibile;

- Anche quando pensi che il tuo libro non contenga errori o peggio ancora strafalcioni grammaticali procedi con una revisione totale del manoscritto: i lettori sono una categoria molto esigente per cui bastano piccoli errori ortografici o di battitura per infastidirli o peggio ancora indispettirli inducendoli a scrivere una recensione negativa;

- La pubblicazione di un solo libro non ti potrà mai veramente arricchire, a meno che tu non abbia la stessa fortuna di Rowling, l'autrice di Harry Potter. Devi pensare di produrre diversi libri che possano creare una rendita mensile costante;

– Pensa di pubblicare i tuoi testi secondo una tematica omogenea, ovvero in una nicchia, che avrai individuato come fruttuosa o che è vicina alle tue preferenze, in modo da avere un pubblico ben determinato, un target specifico che sarà sicuramente ben disposto ad acquistare i tuoi testi;

– Pubblicare più testi su una specifica nicchia ti darà un ulteriore vantaggio: puoi realizzare i cosiddetti "bundle" a costo zero. Cosa è un bundle? È semplicemente l'accoppiata di diversi libri che abbracciano più temi della stessa tematica.

– La lunghezza dei testi deve aggirarsi fra le dodicimila e le venticinquemila parole, cercando di non oltrepassare il limite superiore. Per esperienza personale ti posso assicurare che i testi brevi risultano più apprezzati dai lettori moderni perché riescono ad approcciarsi ai manoscritti a cuor leggero consapevoli del fatto che la lettura risulta veloce e possono terminare la lettura in una sola serata. Inoltre seguendo questo consiglio raggiungiamo diversi obiettivi: possiamo produrre in tempi brevi il nostro libro e nel contempo il costo di produzione del manoscritto risultano contenuti. Non dimentichiamo un altro punto a favore: quando andrai a pubblicare il tuo bundle, lo stesso sarà un volume corposo ma nel contempo non sarà un tomo impossibile da leggere per il numero di pagine risultanti;

Infine prima di pubblicare il tuo libro, fatti sempre questa domanda:

questo libro potrà servire a qualcuno?

Il mondo della pubblicazione dei libri non è avulso dalle regole generali di qualsiasi business legato alla divulgazione di contenuti: per avere successo dovrai essere capace di risolvere i problemi di chi ti legge, di dare una soluzione ad interrogativi molto pratici sul come fare. Come dimagrire, come cucinare, come comunicare: come risolvere un problema motivo per il quale l'utente cerca una soluzione facile veloce e soprattutto percorribile.

Creare eventi live su Facebook

Fino ad adesso abbiamo visto insieme diversi modi di fare soldi utilizzando lo strumento web al riparo della nostra tastiera, attraverso investimenti e consulenze di diverso tipo.

Bene, adesso è arrivato il momento di "metterci la faccia", rendendoti visibile alla più vasta platea che possa esistere, contro la quale nessun cinema e nessun teatro potranno mai competere. In questo e nel prossimo capitolo vedremo come poter fare soldi attraverso la propria immagine; partiamo dunque dal capire come è possibile far soldi creando eventi, in particolare eventi live, sfruttando il più celebre dei social: Facebook.

Recentemente Facebook ha dato la possibilità, alle persone che hanno voglia di crescere seriamente dal punto di vista imprenditoriale, di creare degli eventi live a pagamento grazie all'uso della pagina aziendale.

Se rifletti solo un secondo, se ti guardi intorno e fai mente locale, quale periodo migliore di questo, dominato dalla pandemia, in cui il contatto sociale è diventato ormai una sorta di mitologica chimera, per sfruttare questa nuova e potenzialmente fruttuosa possibilità?

Attraverso la creazione di eventi live riuscirai, infatti, sia a rafforzare il legame di fiducia con i tuoi clienti, che potranno vederti "di persona", creando quindi un rapporto reale e non solo virtuale con te, sia aumentare le tue entrate.

L'accesso agli eventi avviene, per l'appunto, tramite il pagamento di una sorta di ticket di ingresso per tutti coloro che vorranno parteciparvi. In tal modo non solo potrai promuovere il tuo brand, qualunque esso sia, ma potrai anche diversificare le tue entrate.

Un'occasione davvero allettante se pensi che, oltretutto, Facebook non trattiene alcuna percentuale sull'incasso che andrà a rimpolpare le tue finanze nella sua totalità.

Le possibilità aperte da questa nuova funzionalità di Facebook sono infinite: interviste, convegni, corsi e lezioni, potrai fare di tutto durante l'evento.

Ovviamente per una buona riuscita dello stesso dovrai saperti organizzare per ottenere un buon numero di partecipanti ma anche per dare maggiore prestigio ai tuoi prodotti, reali o digitali che siano. Per far ciò, per creare quindi un evento ben congegnato, dovrai organizzare il tutto con largo anticipo sia per creare una buona sponsorizzazione, in modo da massimizzare il numero di partecipanti, sia per curare in ogni minimo dettaglio ciò che metterai in scena, onde evitare brutte figure che potrebbero completamente screditare la tua reputazione.

Da un punto di vista pratico poi, non dovrai far altro che impostare il prezzo d'ingresso e creare una sorta di locandina virtuale in cui darai tutte le istruzioni per l'accesso al corso.

Al resto ci penserà Facebook che verserà anche i soldi dell'incasso direttamente sul tuo conto corrente. Creare un evento, ovviamente, è solo il primo passo, dovrai poi promuoverlo al meglio, cercando di sfruttare a pieno le potenzialità che lo stesso social ti offre, usando sia il traffico organico, con anticipazioni sulla tua pagina, storie su Instagram e Facebook, con la condivisione su gruppi che trattano argomenti simili a quello che sarà oggetto dell'evento, sia sponsorizzando lo stesso tramite una vera e propria campagna pubblicitaria a pagamento.

Le inserzioni Facebook permettono, infatti, di impostare criteri molto precisi per la ricerca del target ideale, creando così un'ottimizzazione davvero fantastica.

Naturalmente, prima che arrivi il giorno dell'evento stesso, verifica che non ci siano problemi creando una trasmissione di prova su Live Producer.

Questo ti permetterà di prendere confidenza con il mezzo e naturalmente di esercitarti provando la tua "parte".

Man mano che crescerà il numero di iscritti all'evento, cerca di coinvolgerli preventivamente, con una serie di post esclusivamente dedicati a loro, in tal modo riuscirai già a "scaldare" il tuo pubblico.

Grazie a queste semplici mosse potrai creare un evento live di successo e, magari, fare in modo che esso si ripeta anche successivamente, assicurandoti un nuovo, stabile introito.

La formazione online

Una seconda attività, maggiormente redditizia degli eventi live, ma che comunque ti vedrà coinvolto in prima persona è la creazione di un corso di formazione on line. Stiamo parlando di un business potenzialmente molto redditizio perché al tuo corso, proprio perché on line, potrebbe iscriversi un numero infinito di persone per un periodo di tempo altrettanto indefinito. Ovviamente per avere successo dovrai risultare non solo interessante, ma soprattutto competente, quindi, come al solito, ti consiglio di partire con un argomento in cui sei particolarmente ferrato o, in caso contrario, di firmarti nel migliore dei modi per dare, sempre, un contenuto di alta qualità. Ovviamente se vorrai fare un corso sul linguaggio del corpo non ti servirà diventare un neuroscienziato o un sociologo, dovrai però informarti in modo da fornire spunti interessanti a chi ti guarderà. Una volta scelto l'argomento dovrai scegliere la piattaforma su cui vendere il tuo corso. Abbiamo già parlato di Udemy, esistono comunque tante altre piattaforme che offrono servizi più o meno buoni per chi, come te, vuole vendere corsi on line. Iscrittoti alla piattaforma procederai con la preparazione del materiale che dovrà essere zelante e senza che nulla venga lasciato al caso. Per vendere devi poter offrire un ottimo prodotto, quindi contenuti interessanti, ma anche ottima qualità audio video, dispende e, perché no, consulenze personali, ovviamente a pagamento!

Mantieni il tuo corso sempre aggiornato, immettendo di volta in volta nuovo materiale. Cerca poi di non essere mai noioso nell'esposizione, arricchiscila frequentemente con esempi pratici, usa un tono colloquiale ma non basso e impegnati a coinvolgere i tuoi ascoltatori in modo da predisporli positivamente all'acquisto del corso successivo. Naturalmente come avrai ben capito, la bravura da sola non basta. Senza un'ottima strategia di marketing non andrai da nessuna parte, ti perderai nel mare magnum dei mille corsi presenti sulle mille piattaforme esistenti. Per avere successo dovrai impostare un'ottima strategia di marketing, usando sia i tuoi canali, come i social, il passaparola, un sito se ce l'hai, sia investendo in pubblicità che ti rendano particolarmente visibile. Se ti impegnerai in ciascuno di questi passaggi, il risultato sarà la creazione di una rendita quasi totalmente passiva che ti permetterà di guadagnare almeno fino a che non avrai preparato il corso successivo.

Nuove idee per far soldi

Siamo arrivati alla fine di questo libro, ma non voglio salutarti prima di aver mantenuto la mia promessa, che ti avevo fatto nella parte iniziale di questa guida. Vedremo ora insieme alcuni campi in cui io stesso mi sono cimentato da poco ma che, visti i primi risultati, promettono davvero bene e che ho deciso di condividere con te; dunque, partiamo da:

Investimenti in immobili anche con partecipazioni minime

Quando pensi agli investimenti immobiliari sei portato a pensare, anche giustamente, nell'ordine di centinaia di migliaia di euro e, per te che hai appena iniziato il percorso verso la ricchezza, la cosa potrebbe sembrare troppo eccessiva. Ma se ti dicessi che puoi investire a cifre di gran lunga inferiori? Esiste oggi la possibilità di dar vita a piccoli investimenti immobiliari stando comodamente seduti a casa, dal proprio pc e senza nemmeno avere chissà quali competenze. Tutto questo è possibile grazie ad un nuovo modo di pensare l'investimento immobiliare, vale a dire attraverso il crowdfunding. In pratica, anziché acquistare un intero immobile, si investe in una piccola parte di esso, o meglio nell'acquisto di una parte di quote dello stesso. Tale processo viene regolamentato da alcune piattaforme, capaci di seguirti passo dopo passo. Per citarne alcune potremmo parlare di Crowdestate: piattaforma di lending crowdfunding immobiliare di respiro europeo con decine di migliaia di iscritti. Su questa piattaforma potrai partire con investimenti davvero minimi, anche di soli cento euro, a fronte di rendimenti vicini al venti per cento e con la possibilità di vendere ad altri investitori le tue quote. Un'altra piattaforma interessante è Re-Lender: specializzata in investimenti che hanno per oggetto la riconversione industriale degli edifici. Anche l'Italia ha la sua piattaforma per il crowdfunding immobiliare, si tratta di Italy Crowd: nata nel 2015 ha accumulato, ad oggi un patrimonio di circa quarantacinque milioni di euro e riconosce tassi di interesse di tutto rispetto, oscillanti fra il 9 e il 12%.

I sondaggi retribuiti on line

Passiamo ora ad un altro metodo di guadagno che, pur non arricchendoti, ti permetterà di arrotondare le tue entrate semplicemente sfruttando i tuoi tempi morti, mentre magari sei in fila dal dottore, vale a dire i sondaggi on line. Come avrai potuto notare in tutto lo scorrere di questa guida, il marketing è fondamentale per il successo di un prodotto. Soprattutto, ciò che interessa alle aziende è la profilazione dell'utenza finale, in modo da creare campagne estremamente mirate creando in tal modo un tasso di conversione altissimo. La profilazione è un interesse così forte per le aziende che sono disposte a pagare pur di ottenerle. Da qui la nascita dei sondaggi a pagamento. Sfruttando questo canale, potrai, rispondendo ad una decina di sondaggi che ti impegneranno circa una settimana ciascuno, guadagnare quasi duecento euro la settimana, se magari poi ad iscriversi sono anche i tuoi familiari potresti trovarti una bella sommetta da investire in attività maggiormente lucrose ed interessanti.

Trading Online

Sono sicuro che avrai sentito milioni di volte questo termine ma che, con ogni probabilità, tu non ne conosca il significato. Qui cercheremo di capire insieme come funziona questa opportunità di fare tanti soldi, il trading appunto, con particolare riferimento al trading on line. Quando usiamo l'espressione trading ci stiamo riferendo ad un particolare tipo di business che avviene prettamente all'interno dei mercati finanziari, in questo caso virtuali, e che consiste nell'acquisto e nella vendita, attraverso un panel di strumenti finanziari, di diverse tipologie di asset, che siano azioni, materie prime, valute e così via. In particolare, ci dedicheremo a capire come funziona il trading con i CFD, dove il guadagno viene generato dalla differenza di vendita di un determinato asset rispetto a quella di acquisto. Questa differenza tra il prezzo a cui, ad esempio abbiamo comprato delle azioni e quello a cui le rivendiamo genera il nostro guadagno attraverso quella che è definita una speculazione. Speculare non è, contrariamente al sentire comune, un termine negativo, ma indica appunto la capacità di analizzare e di creare guadagno tipica di un broker professionale. D'altro canto, il trading on line, tralasciando i numerosi siti truffa che purtroppo pullulano il web, è una pratica del tutto legale. Quindi, prima di iniziare a fare trading on line dovrai aver chiari i principali obiettivi del trader: creare ottime occasioni di guadagno e ridurre le perdite al minimo. Naturalmente, essendo legato alle costanti fluttuazioni di mercato, il trading non è mai esente da rischi. Può capitare in qualsiasi momento di perdere anche ingenti somme di denaro, così come si può veder crescere altrettanto rapidamente i propri guadagni. Infatti, il consiglio che ti do è quello di allenarti e impratichirti sui simulatori e sulle demo prima di iniziare con degli investimenti reali. E anche quando ti sentirai pronto dovrai obbligatoriamente mettere in conto delle perdite; l'importante è che tu abbia la bravura di compensarle e di superarle il più possibile con i tuoi guadagni. Guadagni che potrebbero essere anche importanti, ma che dipendono solo e unicamente dalla bravura non dalla fortuna. Quindi il consiglio è di allenarti su sito demo affidabili, dove mettere in pratica le tue conoscenze che dovrai obbligatoriamente acquisire attraverso un percorso troppo lungo per essere raccolto nelle poche righe di questo libro, ma che piuttosto potrebbero essere un punto d'incontro per la prossima guida, perché tu possa conoscere a fondo le leggi che dominano questo mondo sicuramente complesso ma nel quale, se saprai inserirti con bravura e sagacia, potrai portare a casa risultati veramente stratosferici.

Conclusione

Spero che tu abbia trovato questa guida utile; ho cercato di condensare in essa tutti gli sforzi, i successi, i fallimenti che ho attraversato per raggiungere il mio obiettivo, ovvero l'indipendenza economica.

Spero che gli spunti in essa presenti ti facilitino quello che per me è stato un lavoro davvero faticoso. Ovviamente non voglio che tu interpreti questo testo come una sorta di bibbia in cui è contenuta la verità assoluta. I miei sono degli spunti, delle informazioni utili per te che vuoi dare una sterzata decisa alla tua vita e a quella che è la schiavitù del lavoro dipendente.

Ti auguro il meglio, ma soprattutto ti auguro che, qualsiasi scelta tu faccia, qualsiasi percorso intraprenda, tu decida di metterti veramente in gioco, sprigionando le infinite energie vitali e mentali che probabilmente non sai nemmeno di possedere credendo in te stesso e dando una decisa impennata alla qualità della tua vita.

Perché ricorda che, credere in sé stessi è il primo vero, concreto passo verso il successo.

www.ingramcontent.com/pod-product-compliance
Lightning Source LLC
Chambersburg PA
CBHW060848220526
45466CB00003B/1281